KINDER
LIEDER
SCHATZ

Umschlaggestaltung: Dmitri Lavrow
Illustrationen: Christine Wilhelm

© 1998 Voggenreiter Verlag OHG
Viktoriastr. 25, D-53173 Bonn
Telefon: 0228.93 575-0
www.voggenreiter.de

Auflage 2011

ISBN: 978-3-8024-0285-2

Vorwort

Dieses Liederbuch bietet einen außergewöhnlich großen Schatz an volkstümlichen und beliebten Kinderliedern: Ob in der Familie, im Kindergarten, in der Grundschule – für jede Gelegenheit finden sich heitere und besinnliche, tröstende und ermunternde, erklärende und erzählende Texte mit Melodien. Für lustige Bewegung in Haus und Garten sorgen zahlreiche Spielanleitungen.

Alle Melodien sind einfach zu singen und – wenn gewünscht – auch leicht auf der Blockflöte mitzuspielen. Viele Kanons ermöglichen sogar mehrstimmiges Singen. Akkordbezeichnungen über den Noten geben Hilfen für die Begleitung mit Gitarre. Der Anhang enthält – zur schnellen Orientierung – Grifftabellen für Gitarre und C- sowie F-Blockflöte.

Das Besondere an diesem Liederbuch ist nicht nur der reiche Inhalt an sorgfältig ausgewählten, schönen Kinderliedern, sondern auch und vor allem das kleine Format, das diesen Schatz birgt: Ohne Ballast ist es sogar beim Wandern und auf Reisen ein hilfreicher und sicher bald liebenswerter Begleiter.

Sofern bei den einzelnen Liedern kein Quellenhinweis steht, handelt es sich um überlieferte Volkslieder, deren Verfasser unbekannt sind.

Viel Freude mit dem Kinderliederschatz wünscht allen Kindern und allen, die Kinder lieben, sehr herzlich

Gerhard Buchner

Inhalt

Spielen, Springen, Tanzen, Toben

Zeigt her eure Füße

Kehr- Zeigt her eu-re Fü-ße, zeigt her eu-re
reim
Schuh und se-het den flei-ßi-gen
Wasch-frau-en zu: *Strophe* 1. Sie wa-schen, sie
wa-schen, sie wa-schen den gan-zen Tag.

2. Sie wringen . . .	6. Sie plätten . . .
3. Sie hängen . . .	7. Sie ruhen . . .
4. Sie legen . . .	8. Sie klatschen . . .
5. Sie rollen . . .	9. Sie tanzen . . .

Spielanleitung:

Die Kinder stehen im Kreis oder Halbkreis. Beim Kehrreim
stellen sie im Takt abwechselnd den linken und den rechten
Fuß vor. Während der Strophen führen sie entsprechende
Bewegungen aus. Bei der letzten Strophe tanzen sie allein oder
zu zweit herum.

Machet auf das Tor

1. Ma-chet auf das Tor! Ma-chet auf das Tor!
Es kommt ein gold-ner Wa - gen.

2. Wer sitzt darin? Wer sitzt darin?
Ein Mann mit goldnen Haaren.

3. Was will er denn? Was will er denn?
Er will die Schönste holen.

4. Was tat sie denn? Was tat sie denn?
Sie hat sein Herz gestohlen.

5. Die Erste will er nicht, die Zweite will er nicht,
die Dritte will er holen.

Spielanleitung:

Zwei Kinder vereinbaren heimlich, wer von ihnen Gold oder
Silber, Apfel oder Birne, blau oder rot usw. bedeutet. Dann
stellen sie sich gegenüber und bilden mit hoch erhobenen
Händen ein Tor. Die übrigen Kinder ziehen während des
Singens, immer wieder aufschließend, hintereinander durch
das Tor. Bei der 5. Strophe werden zunächst noch zwei Kinder
durchgelassen, das dritte wird mit herabgesenkten Armen
festgehalten. Es darf nun flüsternd zwischen Gold und Silber,
Apfel und Birne usw. entscheiden und hinter das betreffende
Torkind treten. Das Liederspiel beginnt von vorne. Am Ende
hat die Gruppe mit den meisten Kindern gewonnen.

Taler, Taler, du mußt wandern

Ta-ler, Ta-ler, du mußt wan-dern, von dem
ei-nen zu dem an-dern. Das ist schön, das ist
schön, nie-mand darf den Ta - ler sehn!

2. Ringlein, Ringlein, du mußt wandern,
von dem einen zu dem andern.
Ei wie schön, ei wie schön
ist das Ringlein anzusehn.

Spielanleitung:

Die Kinder bilden einen Kreis. Ein Kind steht in der Mitte
und verdeckt die Augen. Während des Singens lassen die
Kinder im Kreis eine Münze bzw. einen Ring von Hand zu
Hand wandern. Beim letzten Ton des Liedes schließen alle die
Hände zu Fäusten und strecken sie vor. Das Kind in der Mitte
darf nun die Augen öffnen und raten, wer den Gegenstand in
seiner Faust verborgen hält. Dreimal darf es raten. Rät es
richtig, darf es den Gegenstand behalten und scheidet aus. Rät
es falsch, geht es zurück in den Kreis und bekommt damit
eine neue Chance. Das Kind, das die Münze bzw. den Ring
verborgen hielt, geht in die Mitte. Das Spiel läßt sich so lange
fortsetzen, bis alle Kinder einmal in der Rateposition waren.

In dem Walde steht ein Haus

Spielanleitung:

Die Kinder stellen paarweise ein Haus und ein Reh dar. Das „Reh" schaut durch den angewinkelten Arm des „Haus"kindes. Ein Kind rennt als Häschen, gefolgt von einem anderen als Jäger, zwischen den Häusern hindurch, bis es bei einem anklopft und um Hilfe bittet. Das „Reh" nimmt das „Häschen" liebevoll in den Arm: es ist gerettet.

Ist die schwarze Köchin da?

Eines:
Ist die schwar - ze Kö - chin da?

Alle:
Nein, nein, nein!

Eines:
Ein - mal muß ich 'rum - mar - schier'n, das zwei - te - mal den Kopf ver - lier'n. Das drit - te - mal: komm mit!

Eines:
Ist die schwar-ze Kö-chin da?

Alle:
Ja, ja, ja. Da geht sie ja, da steht sie ja, die Kö-chin aus A - me - ri - ka! Zisch, zisch, zisch!

Die Kinder bilden ein dichte Gruppe. Ein Kind steht außerhalb und stellt die Frage; die Gruppe antwortet. Dann läuft das Kind um die Gruppe, überlegt und holt schließlich eine/n Spielpartner/in als „schwarze Köchin" heraus. Die „Köchin" wird vorgestellt und von der Gruppe begrüßt. Bei den Worten „Zisch, zisch, zisch!" laufen die Kinder schnell in verschiedene Richtungen davon. Die Köchin und das erste Kind versuchen ein anderes zu fangen. Dieses Kind darf nun bei der Wiederholung des Liedes eine neue Köchin auswählen.

Ringel, Ringel, Reihe

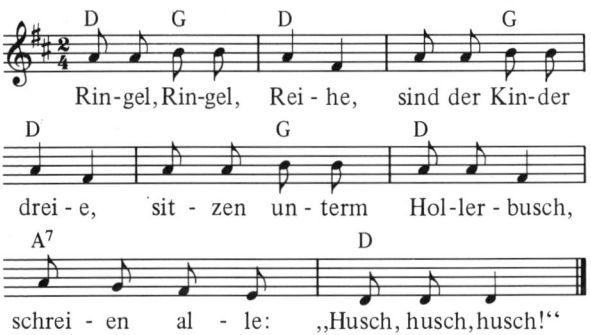

Rin-gel, Rin-gel, Rei-he, sind der Kin-der drei-e, sit-zen un-term Hol-ler-busch, schrei-en al-le: „Husch, husch, husch!"

Text: aus „Des Knaben Wunderhorn"
Melodie: Volksweise

Spielanleitung:

Die Kinder fassen sich in Dreiergruppen an den Händen und hüpfen umher. Bei den Worten „Husch, husch, husch!" ducken sie sich ganz tief und springen dann wieder hoch. Beliebige Wiederholung mit wechselnden Dreiergruppen.

11

Wo ist der Mann, der alles kann?

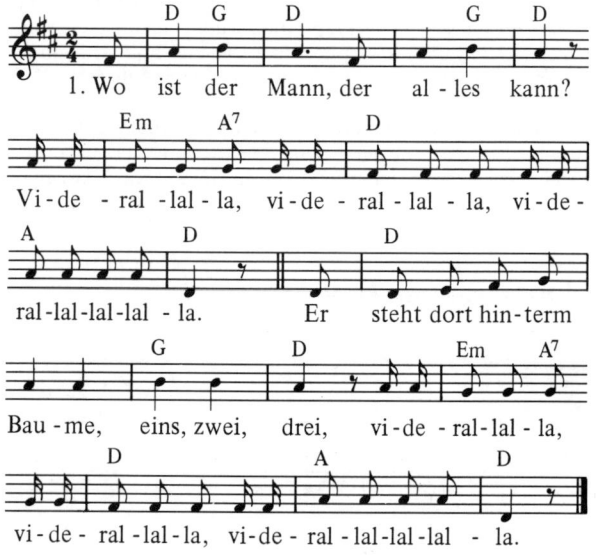

2. Wo ist der Mann . . .
Ich hab ihn da gesehen, eins, zwei, drei . . .

3. Wo ist der Mann . . .
Da kommt er herangegangen, eins, zwei, drei . . .

4. Wo ist der Mann . . .
Was wollt ihr von ihm lernen? Eins, zwei, drei . . .

5. Wo ist der Mann . . .
Wir wolln das Tanzen lernen, eins, zwei, drei . . .

6. Wo ist der Mann . . .
Zuerst, da kommt das Knicksen, eins, zwei, drei . . .

7. Wo ist der Mann . . .
Und dann auch das Verbeugen, eins, zwei, drei . . .

8. Wo ist der Mann . . .
Und dann noch das Herumdrehn, eins, zwei, drei . . .

9. Wo ist der Mann . . .
Und dann die drei auf einmal, eins, zwei, drei . . .

10. Wo ist der Mann . . .
Jetzt tanzen wir zusammen, eins, zwei, drei . . .

Spielanleitung:

Die Kinder wissen zunächst nicht, wer den kleinen Mann spielen wird und raten singend herum. Erst in der 3. Strophe nennt der/die Spielleiter/in einen Namen. Um dieses Kind bilden nun alle anderen einen Kreis. Die Frage „Wo ist der Mann . . . ?" und die Antworten können von verschiedenen Kindern abwechselnd vorgetragen werden. Die Antworten der 6.-9. Strophe singt auf jeden Fall der „Mann". Er führt dabei Bewegungen vor, die dann alle Kinder mit „Viderallala" nachahmen. Den Abschluß bildet ein fröhlicher Rundtanz.

Wer will fleißige Handwerker sehn

1. Wer will flei - ßi -ge Hand -wer -ker sehn,
ei, der muß zu uns her - gehn. Stein auf Stein,
Stein auf Stein, das Häus-chen wird bald fer-tig sein.

2. Wer will ...
O wie fein, o wie fein,
der Glaser setzt die Scheiben ein.

3. Wer will ...
Tauchet ein, tauchet ein,
der Maler streicht die Wände fein.

4. Wer will ...
Zisch, zisch, zisch, zisch, zisch, zisch,
der Tischler hobelt glatt den Tisch.

5. Wer will ...
Poch, poch, poch, poch, poch, poch,
der Schuster schustert zu das Loch.

6. Wer will . . .
Stich, stich, stich, stich, stich, stich,
der Schneider näht ein Kleid für mich.

7. Wer will . . .
Rühre ein, rühre ein,
der Kuchen wird bald fertig sein.

8. Wer will . . .
Trapp, trapp, drein – trapp, trapp, drein,
jetzt gehn wir von der Arbeit heim.

Spielanleitung:

Die Kinder stehen im Kreis und nicken sich während der
ersten vier Takte links und rechts gegenseitig zu. Dann führen
sie den Strophen entsprechende Bewegungen aus. Bei der
letzten Strophe hüpfen sie aus dem Kreis heraus zu einem
vorher bestimmten Ziel (z. B. zum Tisch).

Auf der Brück' von Avignon

Refrain: Auf der Brück' von A - vig - non
tan-zen al - le, tan-zen al - le, auf der Brück' von
A - vig - non tan - zen al - le rund-her-um.

1. Seht, wie die Her - ren ge - hen, wie
sie sich ei - tel dre - hen.

2. Die Damen in der Mitte
machen kleine Schritte.
Auf der Brück' von Avignon ...

3. Die Buben stampfen, poltern;
manch einer wird gleich stolpern!
Auf der Brück' von Avignon ...

4. Die Mädchen zierlich springen.
Hört, wie sie lustig singen!
Auf der Brück' von Avignon . . .

5. Mit Trommeln, Flöten, Geigen
begleiten wir den Reigen.
Auf der Brück' von Avignon . . .

Französische Volksweise
Dt. Text und Bearbeitung: Gerhard Buchner
© Voggenreiter Verlag, Bonn

Auf der Eisenbahn

Auf der   Ei - sen-bahn steht ein schwarzer Mann
schürt das   Feu - er an, daß man   fah - ren kann.

Kin - der-lein, Kin - der-lein,   hängt euch dran!

Wir   fah - ren   mit   der   Ei - sen - bahn.

Heißa, Kathreinerle

1. Hei - ßa, Ka - threi-ner-le, schnür dir die
   schürz dir dein Rök-ke-le, gönn dir kein'

Schuh'
Ruh'. Di-dl, du-dl, da-dl, schrum, schrum, schrum,

geht schon der Hop -ser um, hei - ßa, Ka -

threi - ner - le, frisch im - mer - zu!

2. Dreh wie ein Rädele
flink dich im Tanz!
Fliegen die Zöpfele,
wirbelt der Kranz.
Didl, dudl, dadl,
schrum, schrum, schrum,
lustig im Kreis herum,
dreh dich, mein Mädel,
im festlichen Glanz.

3. Heute heißt's lustig sein,
morgen ist's aus!
Sinket der Lichter Schein,
gehn wir nach Haus.
Didl, dudl, dadl,
schrum, schrum, schrum,
morgen mit viel Gebrumm
fegt die Frau Wirtin
den Tanzboden aus.

Die Tiroler sind lustig

1. Die Ti - ro - ler sind lu - stig, die Ti - ro - ler sind froh, sie trin-ken ein Gläs - chen und ma - chen's dann so:

2. Die Tiroler sind lustig,
die Tiroler sind froh.
Sie verkaufen ihr Bettlein
und schlafen auf Stroh.

3. Die Tiroler sind lustig,
die Tiroler sind froh,
sie nehmen ein Weibchen
und tanzen dazu.

4. Erst dreht sich das Weibchen,
dann dreht sich der Mann,
dann fassen sich beide
und tanzen zusamm'.

Rote Kirschen eß' ich gern

Ro-te Kir-schen eß' ich gern, schwar-ze noch viel
In die Schu-le geh' ich gern, al - le Ta - ge

lie - ber.   Hier wird Platz ge - macht
wie der.

für die jun-gen Da - men!   Sitzt der Kuk-kuck
(Her - ren!)

auf dem Dach, kommt der Re - gen, macht ihn naß,

kommt der lie - be Son - nen - schein,

das soll un - ser Wer - ner sein.
(un - sre Su - si)

Die Kinder stellen sich paarweise gegenüber auf und klatschen abwechselnd die linke und die rechte Hand aufeinander. Bei den Worten „In die Schule geh' ich gern . . ." verschränken sie die Arme und drehen sich herum. Dann halten sie an, und die Jungen treten ein paar Schritte vor die Mädchen. Diese tanzen nun um die Jungen herum, wählen einen neuen Partner und singen dabei dessen Namen.

Das Spiel beginnt von vorn. Jetzt machen die Mädchen Platz für die jungen „Herren" usw.

Petersilie, Suppenkraut

Pe - ter - si - lie, Sup - pen - kraut
Un - ser Ev - chen ist die Braut,

wächst in un - serm Gar - ten.
soll nicht län-ger war - ten.
Ro - ter Wein,

wei-ßer Wein. Mor - gen soll die Hoch-zeit sein.

Häslein in der Grube

1. Häs-lein in der Gru-be saß und schlief, saß und schlief. Ar-mes Häs-lein, bist du krank, daß du nicht mehr hüp-fen kannst? Häs-lein, hüpf! Häs-lein, hüpf! Häs-lein, hüpf!

2. Häslein in der Grube nickt und weint.
Doktor, komm geschwind herbei
und verschreib ihm Arzenei!
Häslein schluck! . . .

3. Häslein in der Grube hüpft und springt.
Häslein, bist du schon kuriert?
Hui, das rennt und galoppiert!
Häslein hopp! . . .

Spielanleitung:

Das „Häslein" sitzt in der Mitte eines Kreises und stellt sich schlafend. Bei den Worten „Häslein, hüpf!" versuchen die anderen Kinder vergebens, es durch lustige Sprünge zu wecken. In der 2. Strophe bringt ein Kind dem weinenden Häslein symbolisch Medizin. Dieses schluckt tapfer und hüpft in der 3. Strophe mit allen anderen Kindern gesund und munter herum. Ein anderes Kind darf jetzt das Häslein spielen.

Fiedelhänschen, geig einmal

1. Fie - del-häns - chen, geig ein - mal, un - ser Kind will tan - zen, hat ein bun-tes Röck-lein an, rings-her - um mit Fran-sen.

2. Tanze, tanze, Kindelein;
lustig klingt die Fiedel.
Dreh dich fein im Ringelreihn,
sing dazu ein Liedel!

3. Eins, zwei, drei und hopsassa,
so geht unsre Weise;
links und rechts und trallala,
rundherum im Kreise!

Hopp, hopp, hopp

1. Hopp, hopp, hopp, Pferd-chen, lauf Ga-lopp! Ü-ber Stock und ü-ber Stei-ne, a-ber brich dir nicht die Bei-ne! Hopp, hopp, hopp, hopp, hopp, Pferd-chen, lauf Ga-lopp!

2. Tip, tip tap!
Wirf mich nur nicht ab!
Zähme deine wilden Triebe,
Pferdchen, tu es mir zuliebe:
Tip, tip, tip, tip, tap,
wirf mich nur nicht ab!

3. Brr, brr, he!
Steh doch, Pferdchen, steh!
Sollst schon heute weiterspringen,
muß dir nur erst Futter bringen.
Brr, brr, brr, brr, he!
steh doch, Pferdchen, steh!

Jedes Kind nimmt einen Stock oder Zweig usw. als Steckenpferd zwischen die Beine und reitet damit herum. Übermütige Sprünge begleiten die erste Strophe. Während der zweiten Strophe ist das Pferdchen kaum noch zu zähmen, bis es endlich in der dritten anhält und – pantomimisch – Hafer aus einem großen Sack erhält. Das Spiel wird beliebig fortgesetzt.

Text: C. Hahn
Melodie: C. G. Hehring

Heut ist ein Fest

Kanon zu 3 Stimmen

Heut ist ein Fest bei den Frö - schen am See, Ball und Kon - zert und ein gro - ßes Di - ner! Quack, quack, quack, quack.

Hänselein, willst du tanzen?

Alle: Hän - se - lein, willst du tan - zen? Ich
(Gre - te - lein)

geb' dir auch ein Ei. *Eines:* O nein, ich kann nicht

tan - zen, und gäbst du mir auch zwei.

Schnell

Alle: In un - serm Hau - se geht das nicht, die

klei - nen Kin - der tan - zen nicht, und

tan - zen kann ich nicht.

2. Hänselein (Gretelein), willst du tanzen?
Ich geig' ein Stücklein dir.
O ja, ich kann schon tanzen,
so geig' ein Stücklein mir.

In unserm Hause gilt der Brauch,
sobald man geiget, tanzt man auch,
und tanzen kann ich doch.

Text: Hoffmann v. Fallersleben † 1874
Melodie: Wilhelm Taubert † 1891

Spielanleitung:

Ein Kind steht in der Mitte eines Kreises.

1. Strophe: Die Kinder des Kreises fordern Hänselein bzw. Gretelein mit entsprechender Handbewegung auf, zu tanzen. Es lehnt trotzig ab. Bei der Wiederholung des Refrains ahmen alle Kinder die Ablehnung nach (z. B. mit dem Fuß aufstampfend).

2. Strophe: Die Kinder des Kreises tun so, als spielten sie Geige. Hänselein/Gretelein ist nun bereit zu tanzen und hüpft beim Refrain lustig herum. Die Wiederholung tanzen alle Kinder mit.

Es tanzt ein Bi-Ba-Butzemann

Es tanzt ein Bi - Ba - But - ze-mann in un-serm Haus her - um, fi - de - bum, um. Er rüt-telt sich, er schüt-telt sich, er wirft sein Säck-lein hin - ter sich. Es tanzt ein Bi - Ba - But - ze-mann in un - serm Haus her - um.

Spielanleitung:

Die Kinder stellen sich im Viereck auf und markieren damit den Grundriß eines Hauses. Lücken zwischen einigen Kindern bedeuten Fenster und Türen. Ein Kind hüpft als Butzemann durch und und um das Haus herum und wirft schließlich sein Säcklein (z. B. ein verknotetes Tuch) heimlich hinter einem der „Haus"kinder ab. Dann hüpft es schnell weiter und versucht, einmal um das ganze Haus herumzukommen, bevor es von dem betreffenden Kind gefangen werden kann. Gelingt es ihm, darf es sich auf den leeren Platz setzen, und das andere Kind spielt jetzt den Butzemann.

Es regnet auf der Brücke

Alle Kinder: Es reg - net auf der Brük - ke, und ich werd' naß. Ich hab' noch 'was ver - ges - sen und weiß nicht was. Lie - be Schwester, (Lie - ber Bru - der) komm her - ein, komm zu mir zum Tanz her - ein, laß uns ein - mal tan - zen und fröh - lich sein.

Spielanleitung:

Die Kinder bilden einen Kreis und klatschen im Takt zum Lied. Ein Kind steht in der Mitte. Mit den Worten „Liebe Schwester (lieber Bruder) komm herein ..." wählt es ein Mädchen oder einen Jungen aus dem Kreis und tanzt mit ihm. Bei der Wiederholung des Liedes geht das erste Kind in den Kreis zurück, und das zweite darf sich nun einen Tanzpartner aussuchen. Das geht so lange weiter, bis alle Kinder einmal an der Reihe waren.

Ein Schneider fing 'ne Maus

1. Ein Schnei-der fing 'ne Maus, ein Schnei-der fing 'ne Maus, ein Schnei-der fing 'ne Mau-se-maus, Mi-Ma-Mau-se-maus, ein Schnei-der fing 'ne Maus.

2. Was macht er mit der Maus?
Mause-Maus, Mi-Ma-Mause-Maus . . .

3. Er zieht ihr ab das Fell.
Mause-Fell, Mi-Ma-Mause-Fell . . .

4. Was macht er mit dem Fell?
Mause-Fell, Mi-Ma-Mause-Fell . . .

5. Er näht sich einen Sack.
Mause-Sack, Mi-Ma-Mause-Sack . . .

6. Was macht er mit dem Sack?
Mause-Sack, Mi-Ma-Mause-Sack . . .

7. Er tut hinein sein Geld.
Mause-Geld, Mi-Ma-Mause-Geld . . .

8. Was macht er mit dem Geld?
Mause-Geld, Mi-Ma-Mause-Geld . . .

9. Er kauft sich einen Bock.
Mause-Bock, Mi-Ma-Mause-Bock . . .

10. Was macht er mit dem Bock?
Mause-Bock, Mi-Ma-Mause-Bock . . .

11. Er reitet durch die Welt.
Mause-Welt, Mi-Ma-Mause-Welt . . .

12. Was macht er in der Welt?
Mause-Welt, Mi-Ma-Mause-Welt . . .

13. Er fällt gleich in den Dreck.
Mause-Dreck, Mi-Ma-Mause-Dreck . . .

Spielanleitung:

Die Kinder bilden zwei Kreise, einen inneren – die „Mäuse"
– und einen äußeren – die „Schneider". Alle singen die
1. Strophe, wobei sich die Kreise in entgegengesetzter Rich-
tung bewegen. Beim letzten Ton halten sie plötzlich an:
Jeder Schneider steht jetzt vor seiner Maus.
Die zweite und alle weiteren Fragestrophen singen die Mäuse
allein, während die Schneider nachdenkliche Gebärden aus-
führen. Die dritte und alle weiteren Antwortstrophen singen
die Schneider mit textentsprechenden Bewegungen. Die Mäuse
wehren sich dagegen. Bei der 11. und 12. Strophe reiten die
Schneider um die Mäuse herum und fallen am Ende der 13. um.

Wollt ihr wissen

1. Wollt ihr wis - sen wollt ihr wis - sen, wie's die klei - nen Mäd - chen ma - chen? Püpp - chen wie - gen, Püpp - chen wie - gen. Al - les dreht sich her - um.

2. Wollt ihr wissen, wollt ihr wissen,
wie's die kleinen Buben machen?
Murmel werfen, Murmel werfen.
Alles dreht sich herum.

3. Wollt ihr wissen, wollt ihr wissen,
wie's die großen Mädchen machen?
Locken drehen, Locken drehen.
Alles dreht sich herum.

4. Wollt ihr wissen, wollt ihr wissen,
wie's die großen Buben machen?
Fußball spielen, Fußball spielen.
Alles dreht sich herum.

5. Wollt ihr wissen, wollt ihr wissen,
wie's die jungen Damen machen?
Lustig tanzen, lustig tanzen.
Alles dreht sich herum.

6. Wollt ihr wissen, wollt ihr wissen,
wie's die jungen Herren machen?
Sich rasieren, sich rasieren.
Alles dreht sich herum.

7. Wollt ihr wissen, wollt ihr wissen,
wie's die alten Frauen machen?
Kaffee trinken, Kaffee trinken.
Alles dreht sich herum.

8. Wollt ihr wissen, wollt ihr wissen,
wie's die alten Männer machen?
Lange schlafen, lange schlafen.
Alles dreht sich herum.

Spielanleitung:

Die Kinder stehen im Kreis oder Halbkreis. In der Mitte bzw. davor führt ein Kind zu jeder Strophe entsprechende Bewegungen aus, die alle Kinder mitmachen. Das vorspielende Kind wechselt nach jeder oder jeden zweiten Strophe mit einem anderen, bis alle Kinder an der Reihe waren. Am Ende jeder Strophe drehen sich alle herum.

Ich bin ein Musikante

Ein Kind: 1. Ich bin ein Mu - si - kan - te und
Alle: Wir sind auch Mu - si - kan - ten und

komm' aus Schwa-ben-land. Ich kann auch
komm'n aus Schwa-ben-land. Wir kön - nen

spie - len, auf der Trom - pe - te,
spie - len, auf der Trom - pe - te, Tä -

tä - te-rä, tä - tä - te-rä, tä - tä-te-rä -tä - tä.

2. . . . auf meiner Geige.
Fidel gei, gei, gei . . .

3. . . . auf meiner Pauke.
Bumbum, berum . . .

4. . . . auf dem Klaviere:
Greif hier mal hin, greif da mal hin . . .

5. . . . auf der Klarinette.
Dudel nett, nett, nett . . .

6. . . . auf meiner Flöte. (Refrain pfeifen!)

7. . . . auf der Posaune.
Po-wau, wau, wau . . .

8. . . . auf der Gitarre.
Dumm, dumm, schrumm, schrumm . . .

Spielanleitung:

Aus einem (Halb-)Kreis tritt jeweils ein Kind hervor und führt sein Instrument singend und spielend (pantomimisch) vor. Alle anderen Kinder singen die Wiederholungen. Zum Abschluß singen und spielen alle gleichzeitig ihr Instrument und bilden so ein großes Orchester.

Eine kleine Geige möcht' ich haben

1. Ei - ne klei - ne Gei - ge möcht' ich ha - ben,
ei - ne klei - ne Gei - ge hätt' ich gern!
Al - le Ta - ge spielt' ich mir zwei, drei
Stück-chen o - der vier, und sän - ge und
sprän - ge gar lu - stig her - um, und sän - ge und
sprän - ge gar lu - stig her - um.
Di - del, di - del dum-dum, dum-dum, dum-dum!
Di - del, di - del dum - dum, dum - dum, dum!

36

2. Eine kleine Geige klingt gar lieblich,
eine kleine Geige klingt gar schön!
Nachbars Kinder und unser Spitz
kämen alle wie der Blitz
und sängen und sprängen gar lustig herum . . .

Text: H. Hoffmann v. Fallersleben
Melodie: Volksweise

Spielanleitung:

Ein Kind singt und „spielt" als Geiger vor. Die anderen
Kinder sitzen in einem weiten Kreis oder Halbkreis und
singen wie angegeben nach. Bei den Worten der 2. Strophe
„Nachbars Kinder . . ." springen sie schnell auf, umringen den
kleinen Geiger und singen, bellen und tanzen.

Es geht eine Zipfelmütz'

Es geht ei - ne Zip - fel - mütz' in un - serm Kreis her - um. Es geht ei - ne Zip - fel - mütz' in un - serm Kreis her - um.

Drei - mal drei ist neu - ne, du weißt ja, wie ich's mei - ne, drei - mal drei und eins ist zehn, Zip - fel - mütz' bleibt stehn, bleibt stehn, bleibt stehn.

Sie rüt - teln sich, sie schüt - teln sich, sie

werfn die Bei-ne   hin-ter sich, sie   klat-schen in die

Hand,   wir   bei - de sind ver - wandt.

Spielanleitung:

Die Kinder fassen sich an den Händen und gehen singend im
Kreis. Ein Kind mit Mütze geht innen im Kreis in Gegenrich-
tung. Bei den Worten „Dreimal drei . . . " ändern alle die Rich-
tung und halten bei „bleib stehn" an. Es folgen textentspre-
chende Bewegungen. Mit den Worten „wir beide sind verwandt" setzt das einzelne Kind die Mütze schnell einem der
anderen Kinder auf. Dieses geht nun innen im Kreis mit dem
ersten mit. Nach der Wiederholung des Liedes folgt ein drittes
Kind usw. Schließlich ist außen nur noch ein Kind übrig, das
die Mütze – bis zum nächsten Spiel – behält.

Brüderlein, komm, tanz mit mir

1. Brü - der - lein, komm, tanz mit mir!
Bei - de Hän - de reich' ich dir. Ein - mal hin,
ein - mal her, rund - her - um, das ist nicht schwer.

2. Mit den Händen klapp, klapp, klapp,
mit den Füßen trapp, trapp, trapp!
Einmal hin, einmal her,
rundherum, das ist nicht schwer.

3. Mit dem Köpfchen nick, nick, nick,
mit den Fingern tick, tick, tick!
Einmal hin, einmal her,
rundherum, das ist nicht schwer.

4. Ei, das hast du gut gemacht,
ei, das hätt' ich nicht gedacht.
Einmal hin, einmal her,
rundherum, das ist nicht schwer.

5. Noch einmal das schöne Spiel,
weil es mir so gut gefiel.
Einmal hin, einmal her,
rundherum, das ist nicht schwer.

Spielanleitung:

Jeweils zwei Kinder fassen sich an beiden Händen, schwenken sie beim Refrain nach links und rechts und drehen sich schließlich herum. Je nach Geschlecht des gegenüberstehenden Kindes singen sie „Brüderlein" oder „Schwesterlein". Bei der zweiten und dritten Strophe führen sie entsprechende Bewegungen aus, bei der vierten können sie sich z. B. streicheln. Die 5. Strophe bietet Gelegenheit zu übermütigem Herumtanzen.

Als ich einmal reiste

1. Als ich ein - mal rei - ste,
2. Al - le Herr'n und Da - men

reist' ich ins Sa - vo - yer-land. Da war ich der
stan-den drau-ßen vor der Tür, woll-ten mich be-

Klein - ste in dem gan-zen Land.
schau - en, mich ar-mes Mur - mel - tier.

3. Mur-mel-tier-chen, tan - ze! Eins, zwei,

drei und vier! Mur - mel - tier - chen

wäh - le, wäh - le, wen du willst!

Spielanleitung:

1. Strophe: Die Kinder stellen sich hintereinander auf, legen
beide Hände auf die Schultern des Vordermanns und bilden so
einen Eisenbahnzug. Das erste Kind ist die Lokomotive. Es
fährt mehrere Kurven, bis es zu einem Kreis aufschließt.

42

2. Strophe: Der Zug hält an. Ein Kind steigt als „Murmeltier"
aus und wird von den anderen staunend betrachtet.
3. Strophe: Das „Murmeltier" wählt sich einen Partner und
tanzt mit ihm umher. Die übrigen Kinder klatschen dazu.

Zur Verlängerung der Spielphasen kann jede Strophe wiederholt werden.

Wie geht meine kleine Geige?

2. Wie geht mein kleiner Zimbal?
Zimpe, zimpe, zimp, zimpe, zimpe, zimp,
geht mein kleiner Zimbal.

3. Wie geht mein großer, großer Baß?
Brumm, brumm, brumm, brumm, brumm, brumm,
geht mein großer, großer Baß.

4. Wie geht mein dicker Dudelsack?
Dudl, dudl, dudl, dudl, dudl, dudl,
geht mein dicker Dudelsack.

Die goldne Brücke

Spielanleitung:

Zwei Kinder stehen sich gegenüber und bilden mit hoch erhobenen Armen ein Tor. Die anderen Kinder gehen paarweise hindurch und stellen sich dahinter jeweils als weiteres Tor auf. Ist die Reihe zu Ende, schließen die ersten auf, dann die nächsten usw. Bei der Textstelle „Der letzte muß gefangen sein" wird das gerade im letzten Tor befindliche Paar mit herabgesenkten Armen festgehalten. Die gefangenen Kinder kommen nur durch ein Pfand frei, das sie beim anschließenden Pfänderspiel einlösen müssen.

Märchen, Fabeln, Spaß und Quatsch

Hänsel und Gretel

1. Hän-sel und Gre-tel ver-irr-ten sich im Wald. Es war schon fin-ster und auch so bit-ter kalt. Sie ka-men an ein Häus-chen von Pfef-fer-ku-chen fein: Wer mag der Herr wohl von die-sem Häuschen sein?

2. Hu, hu, da schaut eine alte Hexe raus,
lockte die Kinder ins Pfefferkuchenhaus.
Sie stellte sich gar freundlich, o Hänsel, welche Not!
Ihn wollt sie braten im Ofen braun wie Brot!

3. Doch als die Hexe zum Ofen schaut hinein,
ward sie gestoßen von Hans und Gretelein.
Die Hexe muß nun braten. Die Kinder gehn nach Haus.
Nun ist das Märchen von Hans und Gretel aus.

Dornröschen

1. Dorn - rös-chen war ein schö-nes Kind, schö-nes Kind, schö-nes Kind, Dorn-rös-chen war ein schö - nes Kind, schö - nes Kind.

2. Dornröschen, nimm dich ja in acht!

3. Da kam die böse Fee herein: . . .

4. „Dornröschen, schlafe hundert Jahr!" . . .

5. Schon wuchs die Hecke riesengroß . . .

6. Da kam der junge Königssohn: . . .

7. „Dornröschen, wache wieder auf!". . .

8. Da feierten sie das Hochzeitsfest . . .

9. Es jubelte das ganze Volk . . .

Die Vogelhochzeit

Ein Vo-gel woll-te Hoch-zeit ma-chen in dem grü-nen Wal-de. Fi-di - ra-la-la, fi-di - ra - la - la, fi-di - ra - la - la - la - la.

2. Die Drossel ist der Bräutigam,
die Amsel ist die Braute ...

3. Der Sperber, der Sperber,
der ist der Hochzeitswerber ...

4. Der Seidenschwanz, der Seidenschwanz,
der bringt der Braut den Hochzeitskranz ...

5. Die Lerche, die Lerche,
die bringt die Braut zur Kerche ...

6. Der Auerhahn, der Auerhahn,
der ist der würd'ge Herr Kaplan ...

7. Die Meise, die Meise,
die singt das Kyrieleise ...

8. Die Gänse und die Anten,
die sind die Musikanten ...

9. Der Pfau mit seinem bunten Schwanz,
der führt die Braut zum Hochzeitstanz . . .

10. Das Finkelein, das Finkelein,
das führt das Paar ins Kämmerlein . . .

11. Brautmutter ist die Eule,
nimmt Abschied mit Geheule . . .

12. Der Uhu, der Uhu,
der macht die Fensterläden zu . . .

13. Der Hahn, der krähet: Gute Nacht!
Dann wird die Kammer zugemacht . . .

14. Nun ist die Vogelhochzeit aus,
und alle ziehn vergnügt nach Haus . . .

Ist ein Mann in 'n Brunnen g'fallen

Ist ein Mann in 'n Brun-nen g'fal - len,
hab ihn hö - ren plump-sen: wär er nicht hinein - ge - fal - len, wär er nicht er - trun-ken.

Auf der Mauer, auf der Lauer

Bei jeder Wiederholung des Liedes werden die Wörter „Wanze" und „Tanzen" verkürzt:

... Wanz ... tanz ...

... Wan ... tan ...

... Wa ... ta ...

... W ... t ...

Bis schließlich auch der letzte Buchstabe wegfällt und statt dessen Pausen ausgehalten werden:

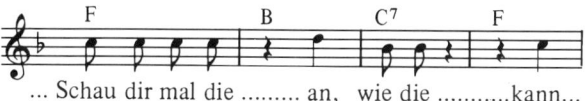

... Schau dir mal die .... an, wie die ....kann...

Dann wird – rückwärts laufend – ein Buchstabe nach dem anderen wieder gesungen. Wer endlich bei den ganzen Wörtern angekommen ist und noch nicht genug hat, kann erneut von vorne anfangen!

Hoppe, hoppe Reiter

Hop-pe, hop-pe, Rei-ter, wenn er fällt, dann schreit er; fällt er in den Gra-ben, fres-sen ihn die Ra-ben, fällt er in den Sumpf, macht der Rei-ter plumps!

Zwischen Berg und tiefem Tal

1. Zwi - schen Berg und tie-fem, tie-fem Tal sa - ßen einst zwei Ha-sen, fra - ßen ab das grü - ne, grü - ne Gras, fra - ßen ab das grü - ne, grü-ne Gras bis auf den Ra-sen.

2. Als sie sich nun satt gefressen hattn,
setzten sie sich nieder,
bis daß der Jäger kam
und schoß sie nieder.

3. Als sie sich dann aufgesammelt hattn
und sich besannen,
daß sie noch Leben hattn,
liefen sie von dannen.

Gestern abend ging ich aus

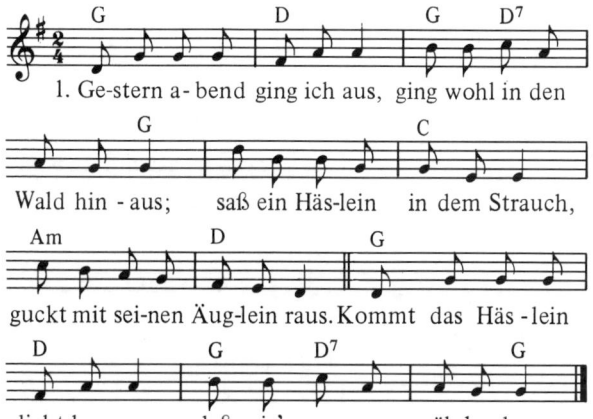

1. Ge-stern a-bend ging ich aus, ging wohl in den Wald hin-aus; saß ein Häs-lein in dem Strauch, guckt mit sei-nen Äug-lein raus. Kommt das Häs-lein dicht her-an, daß mir's was er-zäh-len kann.

2. „Bist du nicht der Jägersmann,
hetzt auf mich die Hunde an.
Wenn dein Windspiel mich ertappt,
hast du Jäger mich geschnappt.
Wenn ich an mein Schicksal denk,
ich mich recht von Herzen kränk."

3. „Armes Häslein, bist so blaß.
Geh dem Bau'r nicht mehr ins Gras.
Geh dem Bau'r nicht mehr ins Kraut,
sonst bezahlst's mit deiner Haut.
Sparst dir manche Not und Pein,
kannst mit Lust ein Häslein sein."

Der Jäger längs dem Weiher ging

1. Der Jäger längs dem Weiher ging. — Lauf, Jäger, lauf! — Die Dämmerung den Wald umfing. Lauf, Jäger, lauf, Jäger, lauf, lauf, lauf, mein lieber Jäger, guter Jäger, lauf, lauf, lauf, mein lieber Jäger, lauf, mein lieber Jäger, lauf!

2. Was raschelt in dem Grase dort?
Lauf, Jäger, lauf!
Was flüstert leise fort und fort?

3. Was ist das für ein Untier doch?
Lauf, Jäger, lauf!
Hat Ohren wie ein Blocksberg hoch.

4. Das muß fürwahr ein Kobold sein!
Lauf, Jäger, lauf!
Hat Augen wie Karfunkelstein.

5. Der Jäger furchtsam um sich schaut.
Lauf, Jäger, lauf!
Jetzt will ich's wagen – o mir graut!

6. O Jäger, laß die Büchse ruhn!
Lauf , Jäger, lauf!
Das Tier könnt dir ein Leides tun.

7. Der Jäger lief zum Wald hinaus.
Lauf, Jäger, lauf!
Verkroch sich flink im Jägerhaus.

8. Das Häschen spielt im Mondenschein.
Lauf, Jäger, lauf!
Ihm leuchten froh die Äugelein.

Widele, wedele, hinter dem Städele

1. Wi - de-le, we - de-le, hin - ter dem Stä - de-le hält der Bet-tel-mann Hoch - zeit. Hoch - zeit.

Al - le die Tier-le, die We - de - le ha - be, sol - le zur Hoch - zeit kom - me. Al - le die Tier - le, die We - de - le ha - be, sol - le zur Hoch - zeit kom - me.

2. Widele, wedele,
hinter dem Städele
hält der Bettelmann Hochzeit.
Pfeift das Mäusele,
tanzt das Läusele,
schlägt das Igele Trumme.

3. Widele, wedele,
hinter dem Städele
hält der Bettelmann Hochzeit.
Winde mer Kränzele,
tun mer a Tänzele,
laß mer das Geigele singe.

Lügenlied

1. Die Kuh, die saß im Schwal-ben-nest mit
sie-ben jun-gen Zie-gen; die fei-er-ten ein
Ju-bel-fest und fin-gen an zu flie-gen.
Muh, muh, meck, i-a, und fin-gen an zu
flie - gen, flie - gen.

2. Der Esel zog Pantoffeln an,
ist übers Haus geflogen.
Und wenn das nicht die Wahrheit ist,
so ist es doch gelogen.
Muh, muh . . .

Text: überliefert
Melodie: Gerhard Buchner
© Franz Schneider Verlag, München

Wir haben drei Katzen

1. Wir ha - ben drei Kat - zen, fängt
   wir ha - ben drei Jung - fern, sieht

kei - ne kein Maus;. Wir ha - ben drei
kei - ne schön aus.

Kut - scher, kann kei - ner nicht fahrn, wir

ha - ben drei Dok - torn, sind al - le drei Narrn.

2. Wir haben drei Kranke, tut keinem nichts weh;
   Wir haben drei Töchter, kommt keine zur Eh'.
   Wir haben drei Hennen, legt keine kein Ei;
   Wir haben drei Hahnen, tut keiner kein Schrei.

3. Wir haben drei Schneider, macht keiner kein Kleid;
   Wir haben drei Geigen, hat keine kein Sait.
   Wir haben drei Messer, hat keines kein Spitz;
   Wir haben drei Feuer, hat keines kein Hitz.

Melodie: Valentin Rathgeber † 1750
Text: überliefert

Wenn der Topf aber nun ein Loch hat

1. Wenn der Topf a - ber nun ein Loch hat, lie - ber Hein - rich, mein lie - ber Hein - rich? Stopf's zu, lie - be, lie - be Lie - se, du lie - be Lie - se, stopf's zu.

2. Womit soll ich's denn aber stopfen,
lieber Heinrich, mein lieber Heinrich?
Mit Stroh, liebe, liebe Liese,
du liebe Liese, mit Stroh.

3. Wenn das Stroh aber nun zu lang ist,
lieber Heinrich, mein lieber Heinrich?
Hau's ab, liebe, liebe Liese,
du liebe Liese, hau's ab.

4. Womit soll ich's denn aber abhaun,
lieber Heinrich, mein lieber Heinrich?
Mit 'm Beil, liebe, liebe Liese,
du liebe Liese, mit 'm Beil.

5. Wenn das Beil aber nun zu stumpf ist,
lieber Heinrich, mein lieber Heinrich?
Mach's scharf, liebe, liebe Liese,
du liebe Liese, mach's scharf.

6. Womit soll ich's denn aber schärfen,
lieber Heinrich, mein lieber Heinrich?
Mit 'm Stein, liebe, liebe Liese,
du liebe Liese, mit 'm Stein.

7. Wenn der Stein aber nun zu trocken ist,
lieber Heinrich, mein lieber Heinrich?
Mach 'n naß, liebe, liebe Liese,
du liebe Liese, mach 'n naß.

8. Womit soll ich ihn denn naß machen,
lieber Heinrich, mein lieber Heinrich?
Mit Wasser, liebe, liebe Liese,
du liebe Liese, mit Wasser.

9. Womit soll ich's denn aber holen,
lieber Heinrich, mein lieber Heinrich?
Mit 'm Topf, liebe, liebe Liese,
du liebe Liese, mit 'm Topf.

10. Wenn der Topf aber nun ein Loch hat,
lieber Heinrich, mein lieber Heinrich?
Laß sein, dumme, dumme Liese,
du dumme Liese, laß sein.

Der Herr, der schickt den Jockel aus

1. Der Herr, der schickt den Jok-kel aus, der soll den Ha-fer schnei-den; der Jok-kel schneid't den Ha-fer nicht und kommt auch nicht nach Haus.

2. Da schickt der Herr den Pudel aus,
er soll den Jockel beißen;
der Pudel beißt den Jockel nicht,
der Jockel schneid't den Hafer nicht
und kommt auch nicht nach Haus.

3. Da schickt der Herr den Prügel aus,
er soll den Pudel prügeln;
der Prügel schlägt den Pudel nicht,
der Pudel beißt den Jockel nicht,
der Jockel schneid't den Hafer nicht
und kommt auch nicht nach Haus.

4. Da schickt der Herr das Feuer aus,
es soll den Prügel brennen;
das Feuer brennt den Prügel nicht . . .

5. Da schickt der Herr das Wasser aus,
es soll das Feuer löschen;
das Wasser löscht das Feuer nicht . . .

6. Da schickt der Herr den Ochsen aus,
der soll das Wasser saufen;
der Ochse säuft das Wasser nicht . . .

7. Da schickt der Herr den Metzger aus,
der soll den Ochsen schlachten;
der Metzger schlacht' den Ochsen nicht . . .

8. Da schickt der Herr den Teufel aus,
der soll den Metzger holen;
der Teufel holt den Metzger nicht . . .

9. Da geht der Herr jetzt selbst hinaus
und will den Teufel holen;
da holt der Teufel den Metzger gleich,
der Metzger schlacht' den Ochsen gleich,
der Ochse säuft das Wasser gleich,
das Wasser löscht das Feuer gleich,
das Feuer brennt den Prügel gleich,
der Prügel schlägt den Pudel gleich,
der Pudel beißt den Jockel gleich,
der Jockel schneid't den Hafer gleich
und geht auch gleich nach Haus.

So geht es im Schnützelputz-Häusel

So geht es im Schnüt-zel-putz - Häu-sel, da
sin-gen und tan-zen die Mäu - sel, da
bel-len die Schnek-ken im Häu - sel. 1. Im
Schnüt-zel-putz-Häusel, da geht es sehr toll, da
sau-fen die Ti-sche und Bän-ke sich voll, Pan-
tof - feln un-ter dem Bet - te. So
geht es im Schnüt-zel-putz - Häu - sel, da

64

sin - gen und tan - zen die Mäu - sel, da
bel - len die Schnek-ken im Häu - sel.

2. Der Tisch lag im Bette und stöhnte so lang,
da heulte der Sessel, da weinte die Bank,
ganz jämmerlich taten sie klagen.

3. Da rannte der Kessel ins Hühnerhaus,
der Ofen, der lief zur Stube hinaus,
eine spanische Mücke zu fangen.

4. Da saßen zwei Ochsen im Storchennest,
die hatten einander gar lieblich getröst'
und wollten die Eier ausbrüten.

5. Es zogen zwei Störche wohl auf die Wacht,
die hatten ihre Sache gar wohl bedacht
mit ihren großmächtigen Spießen.

6. Ich wüßte der Dinge noch mehr zu sagen,
die sich im Schnützelputz-Häusel zutragen,
gar lustig wohl über die Maßen.
So geht es im Schnützelputz-Häusel . . .

Text: Christian Adolph Overbeck † 1821
Melodie: Wolfgang Amadeus Mozart † 1791

Das Hausgesinde

1.-8. Wi - de - wi - de - wen - ne heißt mei - ne Put -
hen - ne. 1. Kann - nicht - ruhn heißt mein Huhn,
Wak - kel - schwanz heißt meine Gans.
Wi - de - wi - de - wen - ne heißt mei - ne Put - hen - ne.

2. Schwarz-und-weiß heißt meine Geiß,
Schmier-dich-ein heißt mein Schwein.
Widewidewenne . . .

3. Ehrenwert heißt mein Pferd,
Gute-Muh heißt meine Kuh.
Widewidewenne . . .

4. Wettermann heißt mein Hahn,
Kunterbunt heißt mein Hund.
Widewidewenne . . .

5. Guck-heraus heißt mein Haus,
Schlupf-hinaus heißt meine Maus.
Widewidewenne . . .

6. Wohlgetan heißt mein Mann,
Sausewind heißt mein Kind.
Widewidewenne . . .

7. Leberecht heißt mein Knecht,
Hochbetagt heißt meine Magd.
Widewidewenne . . .

8. Sammetmatz heißt meine Katz,
Hüpf-ins-Stroh heißt mein Floh.
Widewidewenne . . .

Gesprochen:

Nun kennt ihr mich mit Mann und Kind
und meinem ganzen Hausgesind.

Wo mag denn nur mein Christian sein

1. Wo mag denn nur mein Chri-stian sein, in Ham-burg o - der Bre - men? Schau ich mir sei - ne Stu-be an, so denk ich an mein Chri-sti-an, mein Chri-sti -an.

2. In seiner Stube hängt ein Holz,
damit hat er gedroschen.
Schau ich mir diesen Flegel an,
so denk ich an mein Christian.

3. Auf unserem Hof, da steht ein Klotz,
darauf hat er gesessen.
Schau ich mir diesen Hauklotz an,
so denk ich an mein Christian.

4. In unserm Stall, da steht ein Ochs,
den hat er selbst gemolken.
Höre ich dieses Rindvieh schrein,
so fällt mir gleich mein Christian ein.

5. Der Esel, der den Milchkarrn zog,
den hat er selbst geführet.
Höre ich diesen Esel schrein,
so fällt mir gleich mein Christian ein.

Drei Chinesen mit dem Kontrabaß

Drei Chi - ne-sen mit dem Kon - tra - baß
sa-ßen auf der Stra-ße und er - zähl-ten sich was. Da
kam die Po - li - zei: „Ja, was ist denn das?
Drei Chi - ne-sen mit dem Kon - tra - baß.

Bei der Wiederholung wird für jeden Selbstlaut „a" eingesetzt,
also: „Dra Chanasen mat dam Kantrabaß . . . " Dann folgen
die Vokale e, i, o, u, ä, ö, ü und schließlich die Doppellaute.

Wir wolln einmal spazierngehn

Wir wolln einmal spa - zie-ren-gehn in
ei-nem schö-nen Gar - ten. Wenn nur das wil-de
Tier nicht käm! Wir wolln nicht lan - ge
war - ten. Um eins kommt's nicht, um
zwei kommt's nicht, um
drei kommt's nicht, um
vier kommt's nicht, um
fünf kommt's nicht, um
sechs kommt's nicht, um
siebn kommt's nicht, um
acht kommt's nicht, um
neun kommt's nicht, um
zehn kommt's nicht, um elf, da

pocht's (poch, poch!), um zwölf da kommt's!

Eins, zwei, drei

1. Eins, zwei, drei.
Alt ist nicht neu.
Neu ist nicht alt.
Warm ist nicht kalt.
Kalt ist nicht warm
und reich ist nicht arm.

2. Eins, zwei, drei.
Alt ist nicht neu.
Arm ist nicht reich.
Hart ist nicht weich.
Frisch ist nicht faul.
Ein Ochs ist kein Gaul.

3. Eins, zwei, drei.
Alt ist nicht neu.
Sauer ist nicht süß.
Händ sind kein Füß.
Füß sind kein Händ
und 's Lied hat ein End.

Die Affen rasen

1. Die Af-fen ra - sen durch den Wald, der ei - ne macht den an - dern kalt. Die gan - ze Af - fen-ban - de brüllt: „Wo ist die Ko - kos - nuß, wo ist die Ko - kos - nuß, wer hat die Ko - kos - nuß ge - klaut?" klaut?"

2. Die Affenmama sitzt am Fluß
und angelt nach der Kokosnuß.

3. Der Affenonkel, welch ein Graus,
reißt alle Urwaldbäume aus.

4. Die Affentante kommt von fern,
sie ißt die Kokosnuß so gern.

5. Der Affenmilchmann, dieser Knilch,
der wartet auf die Kokosmilch.

6. Das Affenbaby voll Genuß
hält in der Hand die Kokosnuß.
Die ganze Affenbande brüllt:
„Das ist die Kokosnuß, . . . es hat . . . "

7. Die Affenoma schreit: „Hurra!
Die Kokosnuß ist wieder da!"
Die ganze Affenbande brüllt:
„Da ist die Kokosnuß, . . . es hat . . . "

8. Und die Moral von der Geschicht:
Klaut keine Kokosnüsse nicht,
weil sonst die ganze Bande brüllt:
„Wo ist . . . "

Sing'n wir's Lied vom Trulala

1. Sing'n wir's Lied vom Tru-la-la. Tru-la-la, Tru-la-la, sing'n wir's Lied vom Tru-la-la. Tru-la-la-la-la. 2. Der

2. Der erste Vers heißt Trulala.

3. Der zweite Vers heißt Trulala.

4. Der dritte Vers heißt Trulala.

5. Ein jeder Vers heißt Trulala.

6. Der letzte Vers heißt Trulala.

7. Hört auf jetzt mit dem Trulala.

8. Aber schön wär's doch, das Trulala.

9. Drum sing'n wir nochmals Trulala.

Lirum, larum, Löffelstiel

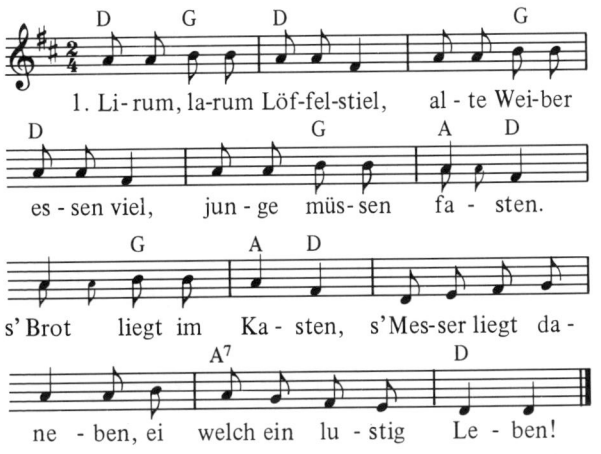

1. Li-rum, la-rum Löf-fel-stiel, al-te Wei-ber es-sen viel, jun-ge müs-sen fa-sten. s'Brot liegt im Ka-sten, s'Mes-ser liegt da-ne-ben, ei welch ein lu-stig Le-ben!

2. Lirum, larum, Löffelstiel,
wer nichts lernt, der kann nicht viel.
Reiche Leute essen Speck,
arme Leute hab'n Dreck.
Lirum, larum, Leier,
die Butter, die ist teuer.

Trara! Die Post ist da!

1. Tra - ra! Die Post ist da! Tra - ra! Die Post ist da! Von wei-tem hört man schon den Ton, sein Lied-chen bläst der Po-stil-lion, er bläst mit star-ker Keh - le, er bläst aus vol - ler See - le, die Post ist da! Tra - ra! Tra-ra! Die Post ist da! Tra - ra!

2. Trara! Die Post ist da!
Trara! Die Post ist da!
Geduld, Geduld, gleich packt er aus,
dann kriegt ein jeder in dem Haus
die Briefe und die Päckchen,
die Schachteln und die Säckchen.

3. Trara! Die Post ist da!
Trara! Die Post ist da!
Und wenn ihr's jetzt schon wissen müßt:
Der Onkel hat euch schön gegrüßt
wohl tausendmal und drüber,
bald kommt er selber 'rüber.

Text: Rudolf Löwenstein
Melodie: Volksweise

Schneidri, schneidra, schneidrum

Schnei - dri, schnei-dra, schnei-drum. Schnei-
dri, schnei-dra, schnei-drum. Ich bin der Mei-ster
Schnei - der und mach den Leu - ten
Klei - der im Lan - de weit her -
um. Schnei - dri, schnei-dra, schnei-drum.

Zu Regensburg auf der Kirchturmspitz

1. Zu Re-gens-burg auf der Kirch-turm-spitz,
da ka-men die Schnei-der z'samm.
Da rit-ten ih-rer neun-zig, ja
neun-mal neun-und neun-zig auf ei-nem Gok-kel-
hahn. Wid-de-wid-de-witt dem
Zie-gen-bock, meck, meck, meck dem Schnei-der!

2. Und als die Schneider Jahrtag hatten,
da waren sie alle froh.
Da aßen ihrer neunzig,
ja, neunmal neunundneunzig
an einem gebratnen Floh.

3. Und als die Schneider gegessen hatten,
da waren sie voller Mut.
Da tranken ihrer neunzig,
ja, neunmal neunundneunzig
aus einem Fingerhut.

4. Und als sie nun getrunken hatten,
da kamen sie in die Hitz.
Da tanzten ihrer neunzig,
ja, neunmal neunundneunzig
auf einer Nadelspitz.

5. Und als sie nun getanzet hatten,
da sah man sie nicht mehr.
Da krochen ihrer neunzig,
ja, neunmal neunundneunzig
in eine Lichtputzscher.

6. Und als sie nun im Schlafe waren,
da knispelt eine Maus.
Da schlüpften ihrer neunzig,
ja, neunmal neunundneunzig
zum Schlüsselloch hinaus.

Was macht der Fuhrmann?

1. Was macht der Fuhr-mann? Der Fuhr-mann
spannt den Wa - gen an, die Pfer - de ziehn, die
Peit - sche knallt, daß laut es durch die
Stra - ßen hallt. He, Fuhr - mann,
he, he, he, hol - la he!

2. Was macht der Fährmann?
Der Fährmann legt ans Ufer an
und denkt: Ich halt nicht lange still,
es komme, wer da kommen will.
He, Fährmann, he . . .

3. Da kam der Fuhrmann
mit seinem großen Wagen an,
der war mit Kisten vollgespickt,
daß sich der Fährmann sehr erschrickt.
He, Fuhrmann, he . . .

4. Da sprach der Fährmann:
Ich fahr euch nicht, Gevattersmann,
gebt ihr mir nicht aus jeder Kist'
ein Stück von dem, was drinnen ist.
He, Fährmann, he . . .

5. Ja, sprach der Fuhrmann.
Und als sie kamen drüben an,
da öffnet er die Kist' geschwind,
da war nichts drin als lauter Wind.
He, Fuhrmann, he . . .

6. Schalt da der Fährmann?
O nein, o nein, er lachte nur:
aus jeder Kist' ein Stücklein Wind,
dann fährt mein Schifflein sehr geschwind!
He, Fährmann, he . . .

Grün, grün, grün sind alle meine Kleider

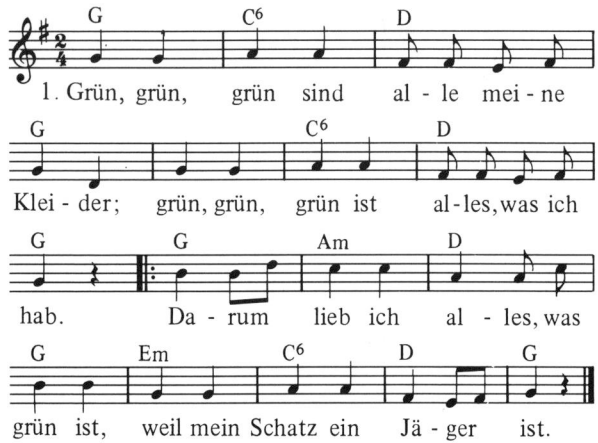

1. Grün, grün, grün sind alle meine Kleider; grün, grün, grün ist alles, was ich hab. Darum lieb ich alles, was grün ist, weil mein Schatz ein Jäger ist.

2. Rot, rot, rot sind alle meine Kleider,
rot, rot, rot ist alles, was ich hab.
Darum lieb ich alles, was rot ist,
weil mein Schatz ein Reiter ist.

3. Blau, blau, blau sind alle meine Kleider,
blau, blau, blau ist alles, was ich hab.
Darum lieb ich alles, was blau ist,
weil mein Schatz ein Matrose ist.

4. Schwarz, schwarz, schwarz sind alle meine Kleider,
schwarz, schwarz, schwarz ist alles, was ich hab.
Darum lieb ich alles, was schwarz ist,
weil mein Schatz ein Schornsteinfeger ist.

5. Weiß, weiß, weiß sind alle meine Kleider,
weiß, weiß, weiß ist alles, was ich hab.
Darum lieb ich alles, was weiß ist,
weil mein Schatz ein Müller ist.

6. Bunt, bunt, bunt sind alle meine Kleider,
bunt, bunt, bunt ist alles, was ich hab.
Darum lieb ich alles, was bunt ist,
weil mein Schatz ein Maler ist.

Hört ihr die Drescher

Auch als Kanon bis zu 4 Stimmen zu singen

Es klappert die Mühle

1. Es klap-pert die Müh-le am rau-schen-den Bach: Klipp, klapp! Bei Tag und bei Nacht ist der Mül-ler stets wach: Klipp, klapp! Er mah-let uns Korn zu dem kräf-ti-gen Brot, und ha-ben wir die-ses, so hat's kei-ne Not! Klipp, klapp, klipp, klapp, klipp, klapp!

2. Flink laufen die Räder und drehen den Stein:
Klipp, klapp!
Und mahlen den Weizen zu Mehl uns so fein:
Klipp, klapp!

Der Bäcker dann Kuchen und Zwieback draus backt,
der immer den Kindern besonders gut schmeckt.
Klipp, klapp, klipp, klapp, klipp, klapp!

3. Wenn reichliche Körner das Ackerfeld trägt:
Klipp, klapp!
Die Mühle dann flink ihre Räder bewegt:
Klipp, klapp!
Und schenkt uns der Himmel nur immerdar Brot,
so sind wir geborgen und leiden nicht Not.
Klipp, klapp, klipp, klapp, klipp, klapp!

Text: E. Anschütz
Melodie: überliefert

Jakob hat kein Brot im Haus

Ja-kob hat kein Brot im Haus,
Ja-kob macht sich gar nichts draus, Ja-kob hin,
Ja-kob her, Ja-kob ist ein Zot-tel-bär!

Backe, backe, Kuchen

Bak-ke, bak-ke Ku-chen, der Bäk-ker hat ge-
ru - fen! Wer will gu - ten Ku-chen bak -ken,
der muß ha-ben sie - ben Sa-chen: Ei-er und Schmalz,
But-ter und Salz, Milch und Mehl; Saf-ran macht den
Ku-chen gehl. Schieb, schieb in 'n O - fen 'nein!

Sonne, Regen, Schnee und Wandern

Es war eine Mutter

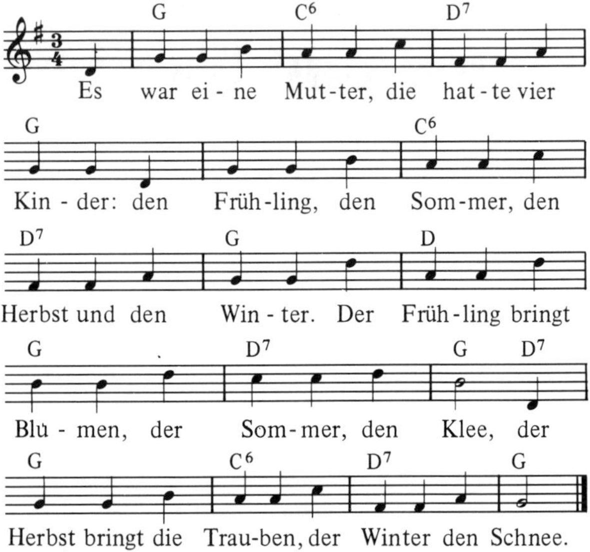
G C6 D7
Es war ei - ne Mut-ter, die hat - te vier
G C6
Kin - der: den Früh-ling, den Som-mer, den
D7 G D
Herbst und den Win - ter. Der Früh - ling bringt
G D7 G D7
Blu - men, der Som- mer, den Klee, der
G C6 D7 G
Herbst bringt die Trau-ben, der Winter den Schnee.

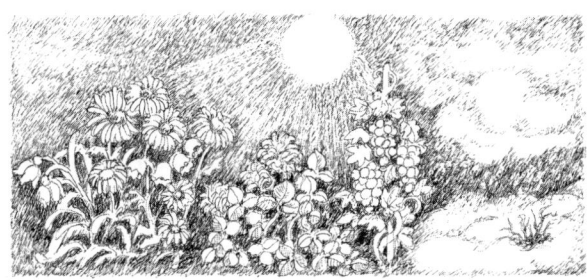

Alles neu macht der Mai

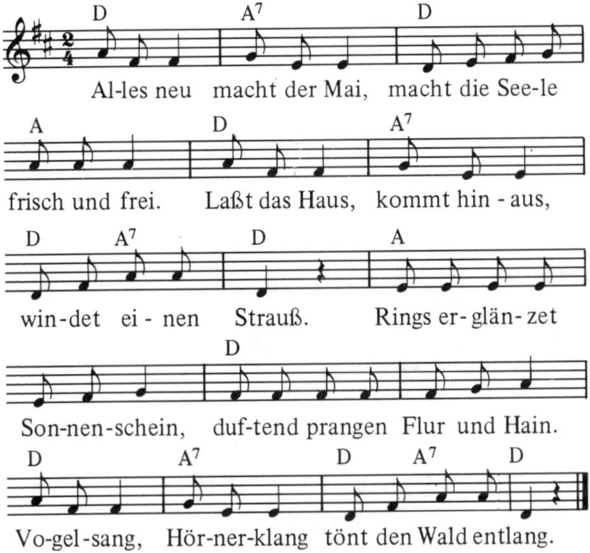
D A7 D
Al-les neu macht der Mai, macht die See-le
A D A7
frisch und frei. Laßt das Haus, kommt hin - aus,
D A7 D A
win-det ei - nen Strauß. Rings er- glän- zet
D
Son-nen-schein, duf-tend prangen Flur und Hain.
D A7 D A7 D
Vo-gel-sang, Hör-ner-klang tönt den Wald entlang.

Text: H. A. v. Kamp
Melodie: überliefert

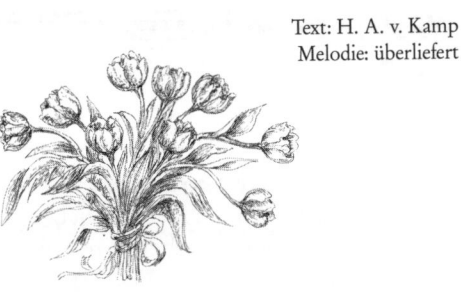

Komm, lieber Mai

1. Komm, lieber Mai, und mache die Bäume wieder grün, und laß mir an dem Bache die kleinen Veilchen blühn! Wie möcht' ich doch so gerne ein Veilchen wieder sehn, ach, lieber Mai, wie gerne einmal spazieren gehn!

2. Zwar Wintertage haben
wohl auch der Freuden viel,
man kann im Schnee eins traben
und treibt manch Abendspiel,

baut Häuserchen von Karten,
spielt Blindkuh und Pfand;
auch gibt's wohl Schlittenfahrten
aufs liebe freie Land.

3. Ach, wenn's doch erst gelinder
und grüner draußen wär'!
Komm, lieber Mai, wir Kinder,
wir bitten gar zu sehr!
O komm und bring vor allem
uns viele Veilchen mit,
bring auch viel' Nachtigallen
und schöne Kuckucks mit.

Text: C. A. Overbeck
Melodie: W. A. Mozart

Liebe Sonne, scheine

Lie - be, lie - be Son - ne,
schei-ne doch recht hell! Ja - ge fort die
Wol - ken, komm her - vor ganz schnell!

Jetzt fängt das schöne Frühjahr an

1. Jetzt fängt das schö - ne Früh-jahr an, und
al - les fängt zu blü - hen an auf grü - ner
Heid und ü - ber - all.

2. Es blühen Blümlein auf dem Feld,
sie blühen weiß, blau, rot und gelb;
es gibt nichts Schönres auf der Welt.

3. Jetzt geh ich über Berg und Tal,
da hört man schon die Nachtigall
auf grüner Heid und überall.

Es tönen die Lieder

Es tö - nen die Lie - der, der
Früh - ling kehrt wie - der, es spie - let der
Hir - te auf sei - ner Schal - mei: La
la la la la la la la - la
la la la la la la la.

Kanon zu 3 Stimmen

Grüß Gott, du schöner Maien

1. Grüß Gott, du schö - ner Mai - en, da
   Tust jung und alt er - freu - en, mit

bist du wie-drum hier.)
dei-ner Blu-men-zier!)   Die   lie-ben Vög-lein

al - le, sie sin-gen al-so hell, Frau Nach-ti-

gall mit Schal-le hat die für-nehm-ste Stell.

2. Die kalten Wind verstummen,
   der Himmel ist gar blau,
   die lieben Bienlein summen
   daher auf grüner Au.
   O holde Lust im Maien,
   da alles neu erblüht,
   du kannst mir sehr erfreuen
   mein Herz und mein Gemüt.

94

Trarira, der Sommer, der ist da

1. Tra - ri - ra, der Som-mer, der ist da! Wir wol-len in den Gar - ten und wolln des Som-mers war - ten. Tra - ri - ra, der Som- mer der ist da!

2. Tra-ri-ra . . .
Wir wolln hinter die Hecken
und wolln den Sommer wecken.
Tra-ri-ra, der Sommer, der ist da!

3. Tra-ri-ra . . .
Der Winter ist zerronnen,
der Sommer hat begonnen.
Tra-ri-ra, der Sommer, der ist da!

Ward ein Blümchen mir geschenket

1. Ward ein Blüm-chen mir ge-schen-ket,
hab's ge-pflanzt und hab's ge-trän-ket,
Vög-lein, kommt und ge-bet acht!
Gelt, ich hab' es recht ge-macht. recht ge-macht.

2. Sonne, laß mein Blümchen sprießen!
Wolke, komm, es zu begießen!
Richt empor dein Angesicht,
liebes Blümchen, fürcht dich nicht!

3. Sonne ließ mein Blümchen sprießen,
Wolke kam es zu begießen,
jedes hat sich brav gemüht,
und mein liebes Blümchen blüht!

Text: H. Hoffmann v. Fallersleben
Melodie: Volksweise

Der Kuckuck wird naß

Es reg - net, es reg - net, der Kuk - kuck wird naß. Wir sit - zen im Trock - nen, was scha - det uns das?

Es regnet

Es reg - net, es reg - net, es reg-net sei - nen Lauf, und wenn's ge-nug ge-reg - net hat, dann hört es wie - der auf.

Ein Männlein steht im Walde

1. Ein Männlein steht im Walde ganz still und stumm. Es hat von lauter Purpur ein Mäntlein um. Sagt, wer mag das Männlein sein, das da steht im Wald allein mit dem purpurroten Mäntelein?

2. Das Männlein steht im Walde auf einem Bein,
es hat auf seinem Haupte schwarz Käpplein klein.
Sagt, wer mag das Männlein sein,
das da steht im Wald allein
mit dem kleinen schwarzen Käppelein?

Des Rätsels Lösung:
Die Hagebutte

Text: H. Hoffmann v. Fallersleben
Melodie: Volksweise

Spannenlanger Hansel

1. Span-nen-lan-ger Han-sel, nu-del-dik-ke Dirn, gehn wir in den Gar-ten, schüt-teln wir die Birn'. Schüt-tel ich die gro-ßen, schüt-telst du die klein'; wenn das Säck-lein voll ist, gehn wir wie-der heim.

2. Lauf doch nicht so schnelle, spannenlanger Hans!
Ich verlier' die Birnen und die Schuh' noch ganz.
Trägst ja nur die kleinen, nudeldicke Dirn;
und ich schlepp' den schweren Sack voll großer Birn'.

In meinem kleinen Apfel

1. In mei-nem klei-nen Ap-fel, da sieht es lus-tig aus: Es sind dar-in fünf Stüb-chen, grad wie in ei-nem Haus.

2. In jedem Stübchen wohnen
zwei Kernchen schwarz und fein,
die liegen drin und träumen
vom lieben Sonnenschein.

3. Sie träumen auch noch weiter
gar einen schönen Traum,
wie sie einst werden hängen
am lieben Weihnachtsbaum.

Text: volkstümlich
Melodie: nach W. A. Mozart („Das klingt so herrlich")

Wem Gott will rechte Gunst erweisen

1. Wem Gott will rech - te Gunst er - wei - sen, den schickt er in die wei - te Welt, dem will er sei - ne Wun - der wei - sen in Berg und Tal und Strom und Feld.

2. Die Bächlein von den Bergen springen,
die Lerchen schwirren hoch vor Lust.
Was sollt ich nicht mit ihnen singen
aus voller Kehl und frischer Brust?

3. Den lieben Gott laß ich nur walten;
der Bächlein, Lerchen, Wald und Feld
und Erd und Himmel will erhalten,
hat auch mein Sach aufs best bestellt!

Text: Joseph v. Eichendorff
Melodie: Friedrich Th. Fröhlich

Muß i denn zum Städtele hinaus

D   A⁷   D

1. Muß i denn, muß i denn zum Städte-le hin-aus,

A⁷

Städ-te-le hin-aus, und du mein Schatz bleibst

D   A⁷

hier. Wenn i komm, wenn i komm, wenn i

D

wie-de-rum komm, wie-de-rum komm, kehr i

A⁷   D   A⁷

ein, mein Schatz, bei dir. Kann i au nit

D   G   E⁷

all-weil bei dir sein, han ich doch mei Freud an

A   D

dir! Wenn i komm, wenn i komm, wenn i

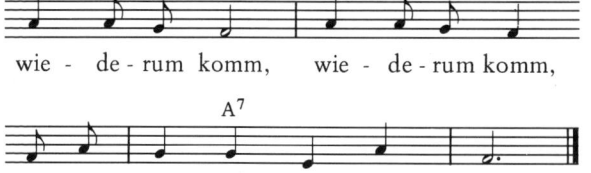

wie - de - rum komm, wie - de - rum komm,

kehr i ein, mein Schatz, bei dir.

2. Wie du weinst, wie du weinst, daß ich wandere muß,
wandere muß, wie wenn d'Lieb jetzt wär vorbei;
sind auch drauß', sind auch drauß' der Mädele viel,
Mädele viel, lieber Schatz i bleib dir treu.
Denk' du net, wenn i 'ne andre seh',
so sei mei Lieb' vorbei; sind auch drauß',
sind auch drauß' der Mädele viel,
Mädele viel, lieber Schatz, i bleib dir treu.

3. Übers Jahr, übers Jahr, wenn mer Träubele schneid't,
Träubele schneid't, stell i hier mi wiedrum ein;
bin i dann, bin i dann dein Schätzele noch,
Schätzele noch, so soll die Hochzeit sein.
Übers Jahr, da ist mein Zeit vorbei,
da g'hör i mein und dein,
bin i dann, bin i dann dein Schätzele noch,
Schätzele noch, so soll die Hochzeit sein.

Text:
Heinrich Wagner † 1860
Melodie:
Friedrich Silcher † 1860

Auf, du junger Wandersmann

1. Auf, du jun-ger Wan-ders-mann!
Jet-zo kommt die Zeit heran, die Wan-ders-zeit, die
gibt uns Freud. Woll'n uns auf die Fahrt be-ge-ben;
das ist un-ser schön-stes Le-ben; gro-ße Was-ser,
Berg und Tal an-zu-schau-en ü-ber-all.

2. An dem schönen Donaufluß
findet man ja seine Lust
und seine Freud auf grüner Heid,
wo die Vögel lieblich singen
und die Hirsche fröhlich springen,
dann kommt man vor eine Stadt,
wo man gute Arbeit hat.

3. Mancher hinterm Ofen sitzt
und gar fein die Ohren spitzt,
kein Stund vors Haus ist kommen aus.
Den soll man als G'sell erkennen,
oder gar ein' Meister nennen,
der noch nirgends ist gewest,
nur gesessen in sei'm Nest.

4. Morgens wenn der Tag angeht
und die Sonn' am Himmel steht
so herrlich rot wie Milch und Blut,
auf, ihr Brüder, laßt uns reisen,
unserm Herrgott Dank erweisen
für die fröhlich Wanderzeit,
hier und in die Ewigkeit.

Text und Melodie: nach v. Ditfurth „Fränkische Volkslieder"

Das Wandern ist des Müllers Lust

1. Das Wan-dern ist des Mül-lers Lust, das Wan-dern ist des Mül-lers Lust, das Wan-dern. Das muß ein schlech-ter Mül-ler sein, dem nie-mals fiel das Wan-dern ein, dem nie-mals fiel das Wan-dern ein, das Wan-dern.

2. Vom Wasser haben wir's gelernt,
vom Wasser:
Das hat nicht Rast bei Tag und Nacht,
ist stets auf Wanderschaft bedacht, das Wasser.

3. Das sehn wir auch den Rädern ab,
den Rädern:
Die gar nicht gerne stille stehn,
die sich mein Tag nicht müde drehn, die Räder.

4. Die Steine selbst, so schwer sie sind,
die Stein,
sie tanzen mit den muntern Reih'n
und wollen gar noch schneller sein, die Steine.

5. O Wandern, Wandern meine Lust,
o Wandern!
Herr Meister und Frau Meisterin,
laßt mich in Frieden weiterziehn und wandern.

Text: W. Müller
Melodie: C. Zöllner

Ich fahr mit der Post

Volkslied aus Österreich (nach einem alten Posthornsignal)

Nun ade, du mein lieb Heimatland

1. Nun a - de, du mein lieb Hei-mat-land, lieb Hei-mat-land, a - de. Es geht nun fort zum frem-den Strand, lieb Hei-mat-land, a - de. Und so sing ich denn mit fro-hem Mut, wie man sin-get, wenn man wan-dern tut, lieb Hei-mat-land, a - de!

2. Wie du lachst mit deines Himmels Blau,
lieb Heimatland, ade.
Wie du grüßest mich mit Feld und Au',
lieb Heimatland, ade.
Gott weiß, zu dir steht stets mein Sinn,
doch jetzt zur Ferne zieht's mich hin:
Lieb Heimatland, ade!

3. Begleitest mich, du lieber Fluß,
lieb Heimatland, ade.
Bist traurig, daß ich wandern muß;
lieb Heimatland, ade.
Vom moos'gen Stein, vom wald'gen Tal,
da grüß' ich dich zum letztenmal:
Lieb Heimatland, ade!

Text: August Disselhoff † 1903
Melodie: überliefert

Jetzt fahrn wir übern See

1. Jetzt fahrn wir ü-bern See, ü-bern See, jetzt fahrn wir ü-bern — See, mit ei-ner höl-zern' Wur-zel, Wur-zel, Wur-zel, Wur - zel, mit ei - ner höl - zern' Wur - zel, kein Ru-der war nicht — dran.

2. Und als wir drüber war'n, drüber war'n,
und als wir drüber – war'n,
da sangen alle Vöglein,
der helle Tag brach – an.

3. Der Jäger rief ins Horn, in das Horn,
der Jäger rief ins – Horn.
Da bliesen alle Jäger,
ein jeder in sein – Horn.

4. Das Liedlein, das ist aus, wieder aus,
das Liedlein, das ist – aus.
Und wer das Lied nicht singen kann,
der fang's von vorne – an!

Das letzte Wort in der 2. und 4. Zeile wird jeweils nur bei der
Wiederholung gesungen. Wer in die Pausen hineinsingt, gibt
ein Pfand.

Hänschen klein

Häns-chen klein ging al - lein in die wei -te
Welt hin - ein. Stock und Hut stehn ihm gut,
es ist wohl-ge-mut. A-ber Mut-ter wei-net sehr,
hat ja nun kein Häns-chen mehr. Da be-sinnt
sich das Kind, läuft nach Haus ge - schwind.

Ein Jäger aus Kurpfalz

1. Ein Jä - ger aus Kur - pfalz, der rei - tet durch den grü-nen Wald und schießt sein Wild da-her, gleich wie es ihm ge - fällt. Ju - ja, ju - ja! Gar lu - stig ist die Jä - ge - rei all - hier auf grü - ner Heid, all - hier auf grü - ner Heid!

2. Auf sattelt mir mein Pferd
und legt darauf den Mantelsack,
so reit ich weit umher
als Jäger von Kurpfalz.
Ju ja, ju ja, gar lustig ist die Jägerei
allhier auf grüner Heid.

3. Jetzt geh ich nicht mehr heim,
bis daß der Kuckuck kuckuck schreit,
er schreit die ganze Nacht
allhier auf grüner Heid.
Ju ja, ju ja, gar lustig ist die Jägerei
allhier auf grüner Heid.

Ri, ra, rutsch, wir fahren mit der Kutsch

Ri, ra, rutsch, wir fah-ren mit der Kutsch! Wir fah-ren mit der Schnek-ken-post, wo es kei-nen Pfen-nig kost'. Ri, ra, rutsch, wir fah-ren mit der Kutsch!

Wohlan, die Zeit ist kommen

1. Wohl - an, die Zeit ist kom - men, mein Pferd, das muß ge - sat-telt sein, ich hab mir's vor-ge-nom - men, ge - rit - ten muß es sein. Fi - di - ru - la - ru - la ru la - la - la - la, fi - di - ru - la - ru - la - ru - la - la! Ich hab mir's vor-ge-nom - men, ge - rit - ten muß es sein.

2. In meines Vaters Garten,
da steh'n viel schöne Blum', ja Blum'.
Drei Jahr muß ich noch warten,
drei Jahr sind bald herum.

3. Du glaubst, du wärst die Schönste
wohl auf der ganzen Welt, ja Welt,
und auch die Angenehmste.
Ist aber weit gefehlt.

4. So setz ich mich aufs Pferdchen
und trink ein Gläschen kühlen Wein
und schwör bei meinem Bärtchen,
dir ewig treu zu sein.

In Mutters Stübeli

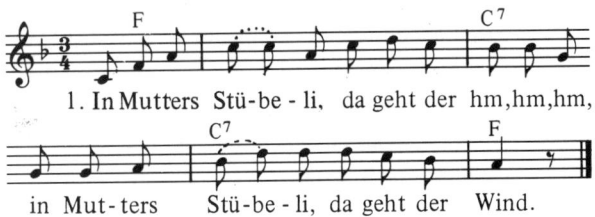

1. In Mutters Stü-be-li, da geht der hm, hm, hm,
in Mut-ters Stü-be-li, da geht der Wind.

2. Muß fast erfrieren vor lauter hm, hm, hm,
muß fast erfrieren vor lauter Wind.

3. Wir müssen betteln gehn, wir sind uns hm, hm, hm,
wir müssen betteln gehn, wir sind uns zwei.

4. Du nimmst den Bettelsack, ich nehm' den hm, hm, hm,
du nimmst den Bettelsack, ich nehm' den Korb.

5. Du stehst vorm Fenster an, ich vor der hm, hm, hm,
du stehst vorm Fenster an, ich vor der Tür.

6. Du kriegst ein Stückel Brot, ich krieg' ein hm, hm, hm,
du kriegst ein Stückel Brot, ich krieg' ein Bier.

7. Du steckst den Speck in' Sack und ich das hm, hm, hm,
du steckst den Speck in' Sack und ich das Schmalz.

8. Du sagst: „Vergelt's euch Gott", ich sage „Hm, hm, hm!"
du sagst: „Vergelt's euch Gott", ich sage „Dank!"

Schneeflöckchen, Weißröckchen

1. Schnee-flöck-chen, Weiß - röck-chen, wann kommst du ge - schneit? Du wohnst in den Wol - ken, dein Weg ist so weit.

2. Komm, setz dich ans Fenster,
du lieblicher Stern,
malst Blumen und Blätter,
wir haben dich gern.

3. Schneeflöckchen, du deckst uns
die Blümelein zu,
dann schlafen sie sicher
in himmlischer Ruh.

4. Schneeflöckchen, Weißröckchen,
komm zu uns ins Tal,
dann baun wir den Schneemann
und werfen den Ball.

A, a, a, der Winter der ist da

2. E, e, e, er bringt uns Eis und Schnee!
Malt uns gar zum Zeitvertreiben
Blumen an die Fensterscheiben.
E, e, e . . .

3. I, i, i, vergiß die Armen nie!
Wenn du liegst im warmen Kissen,
denk an die, die frieren müssen.
I, i, i . . .

4. O, o, o, wie sind wir Kinder froh!
Sehen jede Nacht im Traume
uns schon unterm Weihnachtsbaume.
O, o, o . . .

5. U, u, u, jetzt weiß ich, was ich tu!
Hol' den Schlitten aus dem Keller
und dann fahr' ich immer schneller.
U, u, u . . .

Text: Heinrich Hoffmann von Fallersleben † 1874

Ich geh' mit meiner Laterne

Ich geh' mit mei-ner La - ter-ne und
mei-ne La-ter-ne mit mir. Dort o-ben leuch-ten die
Ster-ne, und un - ten leuch - ten wir.
Mein Licht ist aus, ich geh' nach Haus, ra -
bim - mel, ra - bam - mel, ra - bum.

Der Winter ist ein rechter Mann

1. Der Winter ist ein rechter Mann, kernfest und auf die Dauer. Sein Fleisch fühlt sich wie Eisen an und scheut nicht süß noch sauer.

2. Aus Blumen und aus Vogelsang
weiß er sich nichts zu machen,
haßt warmen Trank und warmen Klang
und alle warmen Sachen.

3. Doch wenn die Füchse bellen sehr,
wenns Holz im Ofen knittert,
und um den Ofen Knecht und Herr
die Hände reibt und zittert;

4. Wenn Stein und Bein von Frost zerbricht
und Teich und Seen krachen;
das klingt ihm gut, das haßt er nicht,
dann will er tot sich lachen.

5. Sein Schloß von Eis liegt ganz hinaus
beim Nordpol an dem Strande,
doch hat er auch ein Sommerhaus
im lieben Schweizerlande.

6. Da ist er denn bald dort, bald hier,
gut Regiment zu führen.
Und wenn er durchzieht, stehen wir
und sehn ihn an und frieren.

Text: M. Claudius
Melodie: J. F. Reichardt

Laterne, Laterne

La - ter - ne, La - ter - ne,
Son - ne, Mond und Ster - ne. Bren - ne
auf, mein Licht, bren - ne auf, mein Licht, a - ber
nur mei - ne lie - be La - ter - ne nicht.

Kinderlied zum Martinstag (11. November)

Winter, ade

1. Win - ter, a - de! Schei-den tut weh. A - ber dein Schei - den macht, daß mir das Her - ze lacht. Win - ter, a - de! Schei - den tut weh!

2. Winter, ade! Scheiden tut weh.
Gerne vergeß' ich dein,
kannst immer ferne sein.
Winter, ade! Scheiden tut weh.

3. Winter, ade! Scheiden tut weh.
Gehst du nicht bald nach Haus',
lacht dich der Kuckuck aus.
Winter, ade! Scheiden tut weh.

Tiere, Tiere, Tireli!

Suse, liebe Suse

1. Su-se, lie-be Su-se, was ra-schelt im Stroh? Die Gän-se ge-hen bar-fuß und ha-ben kein' Schuh. Der Schu-ster hat's Le-der, kein' Lei-sten da-zu; drum kann er den Gänslein auch ma-chen kein' Schuh.

2. Suse, liebe Suse, das ist eine Not!
Wer schenkt mir einen Heller zu Zucker und Brot?
Verkauf ich mein Bettlein und leg mich aufs Stroh,
dann sticht mich keine Feder
und beißt mich kein Floh!

Text: „Des Knaben Wunderhorn"
Melodie: volkstümlich

Mäh, Lämmchen, mäh

1. Mäh, Lämm-chen, mäh. Das Lämm-chen lief in' Klee. Da stieß es an ein Stein-chen, da tat ihm weh sein Bein-chen. Da schrie das Lämm-chen „mäh".

2. Mäh, Lämmchen, mäh.
Das Lämmchen lief in' Klee.
Da stieß es an ein Stöckchen,
da tat ihm weh sein Köpfchen.
Da schrie das Lämmchen „mäh".

3. Mäh, Lämmchen, mäh.
Das Lämmchen lief in' Klee.
Da stieß es an ein Sträuchlein,
da tat ihm weh sein Bäuchlein.
Da schrie das Lämmchen „mäh".

Was haben wir Gänse

1. Was ha-ben wir Gän-se für Klei-der an? Gi, ga, gak. Wir ge-hen bar-fuß al-le-zeit in ei-nem wei-ßen Fe-der-kleid, Gi, ga, gak, wir ha-ben nur ei-nen Frack.

2. Was trinken wir Gänse für einen Wein?
Gi, ga, gak.
Wir trinken nur den stärksten Wein,
das ist der Gigagänsewein,
gi, ga, gak,
ist stärker als Rum und Arrak.

3. Was essen wir Gänse für eine Kost?
Gi, ga, gak.
Im Sommer gehn wir auf die Au,
im Winter speist die Bauersfrau,
gi, ga, gak,
uns aus dem Habersack.

4. Was machen wir Gänse am Martinstag?
Gi, ga, gak.
Man führt uns aus dem Stall hinaus
zu einem fetten Martinsschmaus,
gi, ga, gik,
und bricht uns das Genick.

Text: H. Hoffmann v. Fallersleben
Melodie: Volksweise

Maikäfer, flieg!

Mai - kä-fer flieg! Dein Va - ter ist im
Krieg. Die Mut-ter ist im Pom-mer-land,
Pom-mer-land ist ab-ge-brannt. Mai - kä-fer flieg!

Text: „Des Knaben Wunderhorn"
Melodie: volkstümlich

Alle Vögel sind schon da

1. Al - le Vö - gel sind schon da, al - le Vö - gel, al - le! Welch ein Sin - gen, Mu - si - ziern, Pfei - fen, Zwit-schern, Ti - ri - liern! Früh-ling will nun ein-mar-schiern, kommt mit Sang und Schal - le

2. Wie sie alle lustig sind,
flink und froh sich regen!
Amsel, Drossel, Fink und Star
und die ganze Vogelschar
wünschen uns ein frohes Jahr,
lauter Heil und Segen.

3. Was sie uns verkünden nun,
nehmen wir zu Herzen:
Wir auch wollen lustig sein,
lustig wie die Vögelein,
hier und dort, feldaus, feldein,
singen, springen, scherzen.

Text: H. Hoffmann
v. Fallersleben
Melodie: Volksweise

Stieglitz, Stieglitz

1. Stieg - litz, Stieg - litz, 's Zei - serl ist krank. Geh halt zum Ba - der, laß ihn zur A - der! Stieg - litz, Stieg - litz, 's Zei - serl ist krank.

2. Stieglitz, Stieglitz, 's Zeiserl ist krank.
Rupf dir a Feder aus,
mach ihm ein Bett daraus!
Stieglitz, Stieglitz, 's Zeiserl ist krank.

3. Stieglitz, Stieglitz, 's Zeiserl ist krank.
Bind ihm sein Köpferl ein,
dann wird's bald besser sein!
Stieglitz, Stieglitz, 's Zeiserl ist krank.

129

Summ, summ, summ

1. Summ, summ, summ, Bien-chen, summ her-um! Ei, wir tun dir nichts zu-lei-de; flieg nur aus in Wald und Hei-de! Summ, summ, summ, Bien-chen, summ her - um!

2. Summ, summ, summ,
Bienchen, summ herum!
Such in Blumen, such in Blümchen
dir ein Tröpfchen, dir ein Krümchen!
Summ, summ, summ,
Bienchen, summ herum!

3. Summ, summ, summ,
Bienchen, summ herum!
Kehre heim mit reicher Habe,
bau uns manche volle Wabe!
Summ, summ, summ,
Bienchen, summ herum!

Text: H. Hoffmann
v. Fallersleben
Melodie: Volksweise

Meine Ziege

1. An meiner Zie-ge hab' ich Freu-de,'s ist ein
wun-der-schö-nes Tier. Haa-re hat sie wie aus
Sei-de, Hör-ner hat sie wie ein Stier.
Meck,meck,meck, meck! Meck,meck,meck, meck!

2. Sie hat ein ausgestopftes Ränzel
wie ein alter Dudelsack,
und ganz hinten hat s' ein Schwänzel
wie ein Stengel Rauchtabak.
Meck, meck, meck, meck . . .

Der kranke Frosch

Denkt euch nur, der Frosch ist krank,
liegt dort auf der O - fen - bank,
quakt nun schon, wer weiß wie lang.
Denkt euch nur, der Frosch ist krank.

Gretel, Pastetel

1. Gre - tel, Pa - ste - tel, was
ma - chen die Gäns'? Sie sit - zen im
Was - ser und wa - schen die Schwänz'.

2. Gretel, Pastetel, was macht eure Kuh?
Sie stehet im Stalle und macht immer „muh".

3. Gretel, Pastetel, was macht euer Hahn?
Er sitzt auf der Mauer und kräht, was er kann.

Kuckuck, Kuckuck

1. Kuk-kuck, Kuk-kuck, ruft's aus dem Wald.
Las-set uns sin-gen, tan-zen und sprin-gen!
Früh-ling, Früh-ling wird es nun bald!

2. Kuckuck, Kuckuck läßt nicht sein Schrei'n:
„Kommt in die Felder, Wiesen und Wälder!
Frühling, Frühling, stelle dich ein!"

3. Kuckuck, Kuckuck, trefflicher Held!
Was du gesungen, ist dir gelungen:
Winter, Winter räumet das Feld.

Text: H. Hoffmann v. Fallersleben
Melodie: Volksweise

Fuchs, du hast die Gans gestohlen

1. Fuchs, du hast die Gans ge-stoh-len, gib sie wie-der her, gib sie wie-der her, sonst wird dich der Jä-ger ho-len mit dem Schieß-ge-wehr, sonst wird dich der Jä-ger ho-len mit dem Schieß-ge-wehr.

2. Seine große, lange Flinte
schießt auf dich den Schrot,
daß dich färbt die rote Tinte,
und dann bist du tot.

3. Liebes Füchslein, laß dir raten,
sei doch nur kein Dieb,
nimm, du brauchst nicht Gänsebraten,
mit der Maus vorlieb.

Text: Ernst Anschütz
Melodie: volkstümlich

Kommt ein Vogel geflogen

1. Kommt ein Vo-gel ge - flo-gen, setzt sich nie-der auf mein' Fuß, hat ein' Zet-tel im Schna-bel, von der Mut-ter ein' Gruß.

2. Lieber Vogel, flieg weiter,
nimm ein' Gruß mit und ein' Kuß,
denn ich kann dich nicht begleiten,
weil ich hier bleiben muß.

Frau Schwalbe ist 'ne Schwätzerin

1. Frau Schwal-be ist 'ne Schwät-ze-rin, sie
schwatzt den gan-zen Tag; sie plau-dert mit der
Nach-ba-rin, so viel sie plau-dern mag.
Das zwit-schert, das zwat-schert den
lie-ben lan-gen Tag.

2. Sie schwatzt von ihren Eiern viel,
von ihren Kindern klein,
und wenn sie niemand hören will,
schwatzt sie für sich allein;
das zwitschert, das zwatschert
und kann nicht stille sein.

3. Hält sie im Herbst Gesellschaft gar
auf jenem Dache dort,
so schwatzen die Frau Schwalben all
erst recht in einem fort;
das zwitschert, das zwatschert,
und man versteht kein Wort.

Text: Georg Chr. Dieffenbach
Melodie: Volksweise

Es schlägt eine Nachtigall

Es schlägt ei - ne Nach-ti - gall an ei - nem Was-ser - fall und ein Vo - gel e - ben-falls, der nennt sich Wen-de-hals, Jo - hann Ja - kob Wen - de - hals.

Kanon zu 3 Stimmen

Text: Eduard Mörike
Melodie: überliefert

Drei weiße Tauben

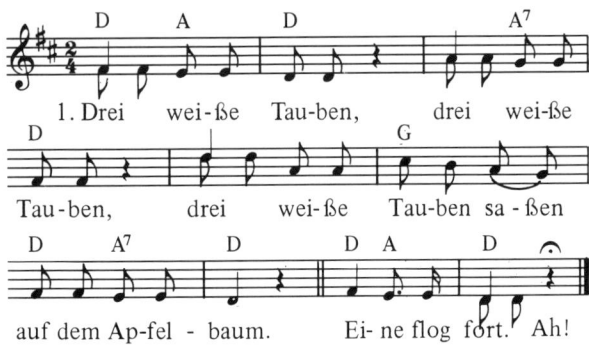

1. Drei wei-ße Tau-ben, drei wei-ße Tau-ben, drei wei-ße Tau-ben sa-ßen auf dem Ap-fel - baum. Ei- ne flog fort. Ah!

2. Zwei weiße Tauben . . .
saßen auf dem Apfelbaum.
Eine flog fort. Ah!

3. Eine weiße Taube . . .
saß auf dem Apfelbaum.
Eine flog fort. Ah!

4. Keine weiße Taube . . .
saß auf dem Apfelbaum.
eine kam wieder. Ah!

5. Eine weiße Taube . . .

6. Zwei weiße Tauben . . .

7. Drei weiße Tauben . . .

8. Zwei weiße Tauben . . .

Und so weiter: Das Lied kann unendlich wiederholt werden. Ein sehr breit gezogenes „Ah!" drückt jedesmal das Erstaunen über den wahrlich „aufregenden" Vorgang aus.

Bäuerlein, Bäuerlein, tick, tick, tack

1. Bäu-er-lein, Bäu-er-lein, tick, tick, tack, hast ein'n gro-ßen Ha-fer-sack, hast viel Wei-zen und viel Kern, Bäu-er-lein, hab dich gar so gern.

2. Bäuerlein, Bäuerlein, tick, tick, tack,
sag, wie ist denn der Geschmack
von dem Korn und von dem Kern,
daß ich's unterscheiden lern.

3. Bäuerlein, Bäuerlein spricht und lacht:
„Finklein, nimm dich nur in acht,
daß ich, wenn ich dresch und klopf,
dich nicht treff auf deinen Kopf!

4. Komm herein und such und lug,
bis du satt hast und genug,
daß du nicht mehr hungrig bist,
wenn das Korn gedroschen ist."

Text: Friedrich Güll
Melodie: volkstümlich

Der Kuckuck und der Esel

1. Der Kuk-kuck und der E-sel, die hat-ten ei-nen Streit, wer wohl am be-sten sän-ge, wer wohl am be-sten sän-ge zur schö-nen Mai-en-zeit, — zur schö-nen Mai-en-zeit.

2. Der Kuckuck sprach: „Das kann ich"
und fing gleich an zu schrei'n.
„Ich aber kann es besser",
fiel gleich der Esel ein . . .

3. Das klang so schön und lieblich,
so schön von fern und nah.
Sie sangen alle beide:
Kuckuck, Kuckuck! I-a! . . .

Text: H. Hoffmann v. Fallersleben
Melodie: Carl Friedrich Zelter

Der Frosch sitzt in dem Rohre

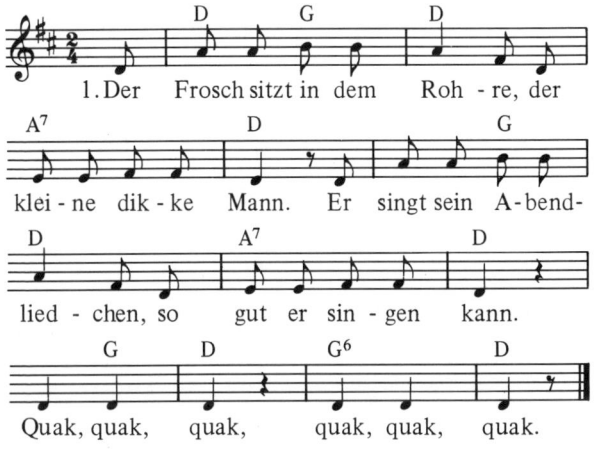

1. Der Frosch sitzt in dem Roh - re, der klei - ne dik - ke Mann. Er singt sein A - bend- lied - chen, so gut er sin - gen kann. Quak, quak, quak, quak, quak, quak.

2. Er meint, es klänge herrlich,
's könnt keiner so wie er;
er bläst sich auf gewaltig,
meint, wunder was er wär.
Quak . . .

3. Herr Frosch, nur zu, gesungen!
Du bist ein lust'ger Mann.
Ein jeder soll nur singen,
so gut er eben kann.
Quak . . .

Text: G. Christian Dieffenbach
Melodie: Volksweise

Die Katz' auf der Lauer

1. Wer sitzt auf uns - rer Mau - er?
Fa - ri - rum. Die Katz' sitzt auf der Lau -er.
Fa - ri, fa - ra. O Spät - ze - lein,
nehmt euch in acht vorm Kät - ze - lein!
Fa - ri, fa - ra, fa - rum.

2. Die Katz' ist heimgegangen. Farirum.
   Sie hat den Spatz gefangen.
   Fira, fara. Drum Spätzlein
   nehmt euch in acht vorm Kätzelein.
   Fari, fara, farum.

3. Was macht die Mausekatze, farirum,
   doch mit dem kleinen Spatze?
   Fari, fara. Das Spätzelein
   bringt sie zu ihren Kätzelein.
   Fari, fara, farum.

Text: H. Hoffmann v. Fallersleben / Melodie: volkstümlich

Auf einem Baum ein Kuckuck saß

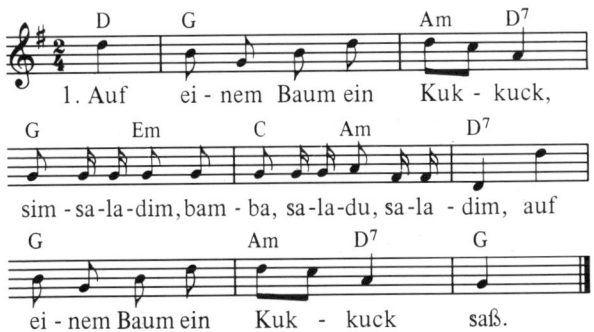

1. Auf ei - nem Baum ein Kuk - kuck, sim - sa - la - dim, bam - ba, sa - la - du, sa - la - dim, auf ei - nem Baum ein Kuk - kuck saß.

2. Da kam ein junger Jägers-,
simsaladim, bamba, saladu, saladim,
da kam ein junger Jägersmann.

3. Der schoß den armen Kuckuck,
simsaladim, bamba, saladu, saladim,
der schoß den armen Kuckuck tot.

4. Und als ein Jahr vergangen,
simsaladim, bamba, saladu, saladim,
und als ein Jahr vergangen war.

5. Da war der Kuckuck wieder,
simsaladim, bamba, saladu, saladim,
da war der Kuckuck wieder da.

Bim, bam beier

Bim, bam, bei - er, die Katz' mag kei - ne
Ei - er. Was mag sie dann? Speck aus der Pfann':
Ei, die lek - ke - re Ma - dam!

A B C, die Katze lief im Schnee

A B C, die Kat - ze lief im
Schnee. Und als sie dann nach Hau - se kam, da
hatt' sie wei - ße Stie - fel an. Oh, je - mi - ne, oh,
je - mi - ne, die Kat - ze lief im Schnee.

Ein Maulwurf

Ein Maul-wurf hört in sei-nem Loch ein Ler-chen-lied er-klin-gen und denkt bei sich: Wie kann man doch so flie-gen und so sin-gen?

Kanon zu vier Stimmen

Text: Emanuel Geibel † 1894
Melodie: Gerhard Buchner
© Voggenreiter Verlag, Bonn

Wulle, wulle Gänschen

Wul - le, wul - le Gäns - chen,
wak - kelt mit dem Schwänz - chen.
Wißt ihr denn auch, wer ich bin?
Ich bin eu - re Kö - ni - gin,
ihr seid mei - ne Kin - der, gi, ga, gack!

2. Seht, da ziehn sie alle fünfe
ohne Schuh und ohne Strümpfe.
Hei, wie sit die Welt so schön,
wenn die Gänse barfuß gehn,
selbst im kalten Winter,
gi, ga, gack!

3. Schniebel, Schnabel, Schnäbel,
kommt der Herbst mit Nebel,
Gänsebraten, Gänsefett,
weiche Federn für das Bett,
freun sich alle Kinder,
gi, ga, gack!

Auf unsrer Wiese gehet was

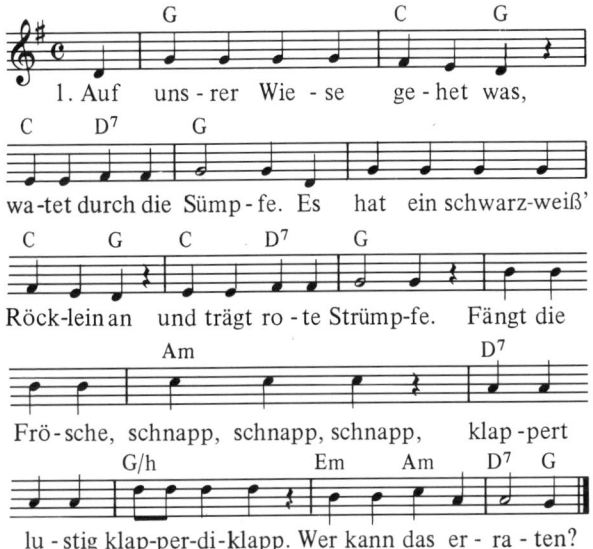

1. Auf uns-rer Wie - se ge-het was, wa-tet durch die Sümp-fe. Es hat ein schwarz-weiß' Röck-lein an und trägt ro - te Strümp-fe. Fängt die Frö-sche, schnapp, schnapp, schnapp, klap-pert lu - stig klap-per-di-klapp. Wer kann das er - ra - ten?

2. Ihr denkt, das ist der Klapperstorch,
watet durch die Sümpfe.
Er hat ein schwarz-weiß' Röcklein an
und trägt rote Strümpfe.
Fängt die Frösche, schnapp, schnapp, schnapp,
klappert lustig, klapperdiklapp.
Nein, das ist Frau Störchin.

Text: H. Hoffmann v. Fallersleben (1. Str.) Richard Löwenstein (2. Str.)
Melodie: Volksweise

Unser Mops

1. Als unser Mops ein Möpschen war, da konnt' er freundlich sein. Jetzt brummt er alle Tage und bellt noch obendrein. Hei - du, hei - du, hei - dal - la - la und bellt noch obendrein. Jetzt brummt er alle Tage und bellt noch obendrein.

2. „Du bist ein recht verzogen Tier!
Sonst nahmst du, was ich bot.
Jetzt willst du Leckerbissen
und magst kein trocken Brot."

Heidu, heidu, heidalala
und magst kein trocken Brot.
Jetzt willst du Leckerbissen
und magst kein trocken Brot.

3. Zum Knaben sprach der Mops darauf:
„Wie töricht sprichst du doch!
Hätt'st du mich recht erzogen,
wär' ich ein Möpschen noch."
Heidu, heidu, heidalala
wär' ich ein Möpschen noch.
Hätt'st du mich recht erzogen,
wär' ich ein Möpschen noch.

Text: H. Hoffmann v. Fallersleben
Melodie: Volksweise

149

Alle meine Entchen

1. Al-le mei-ne Ent-chen schwim-men auf dem See, schwim-men auf dem See, Köpfchen un-ters Was-ser, Schwänz-chen in die Höh'.

2. Alle meine Täubchen
gurren auf dem Dach,
gurren auf dem Dach,
fliegt eins in die Lüfte,
fliegen alle nach.

3. Alle meine Hühner
scharren in dem Stroh,
scharren in dem Stroh,
finden sie ein Körnchen,
sind sie alle froh.

4. Alle meine Gänschen
watscheln durch den Grund,
watscheln durch den Grund,
suchen in dem Tümpel,
werden kugelrund.

Aufstehn, Lachen, Schlafen, Träumen

Auf, ihr Kinder

Auf, ihr Kin - der, auf und singt,
bis es im - mer bes - ser, im - mer bes - ser klingt!

Kanon zu 4 Stimmen

Text: überliefert
Melodie: Karl Gottlieb Hering

Bruder Jakob

Bru - der Ja - kob, Bru - der Ja - kob! Schläfst du noch? Schläfst du noch? Hörst du nicht die Glok - ken, hörst du nicht die Glok - ken? Ding dang dong, ding dang dong!

Kanon zu 4 Stimmen

Aus Frankreich („Frère Jacques")

Guten Morgen, Herr Spielmann

1. Gu-ten Mor-gen, Herr Spiel-mann, wie geht es euch denn mit der klei-nen Vi-o-li - ne, mit der gro-ßen Schrum - schrum?

2. Da rasselt der Kessel,
da klingelt der Topf,
da tanzen die Kinder
miteinander Galopp.

Hampelmann

1. Jetzt steigt Ham-pel-mann, jetzt steigt Ham-pel-mann, jetzt steigt Ham-pel-mann aus sei-nem Bett her-aus. O du mein / O du mein Ham-pel-mann, mein Ham-pel-mann, mein / Ham-pel-mann, mein Ham-pel-mann bist Ham-pel-mann! / du!

2. Jetzt zieht Hampelmann
sich seine Strümpfe an.

3. Jetzt zieht Hampelmann
sich seine Hose an.

4. Jetzt zieht Hampelmann
sich seine Schuhe an.

5. Jetzt zieht Hampelmann
sich seine Jacke an.

6. Jetzt setzt Hampelmann
sich seine Mütze auf.

7. Jetzt geht Hampelmann
mit seiner Frau spaziern.

8. Jetzt tanzt Hampelmann
mit seiner lieben Frau.

Morgens früh um sechs

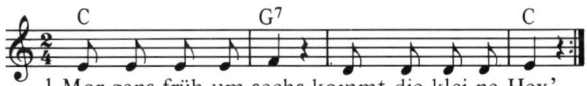

1. Mor-gens früh um sechs kommt die klei-ne Hex'.

2. Morgens früh um sieb'n schabt sie gelbe Rüb'n.
3. Morgens früh um acht wird Kaffee gemacht.
4. Morgens früh um neun geht sie in die Scheun'.
5. Morgens früh um zehn holt sie Holz und Spän'.
6. Feuert an um elf, kocht dann bis um zwölf.

7. Frö - sche - bein und Krebs und Fisch;

hur - tig, Kin - der, kommt zu Tisch!

Steht auf, ihr lieben Kinderlein

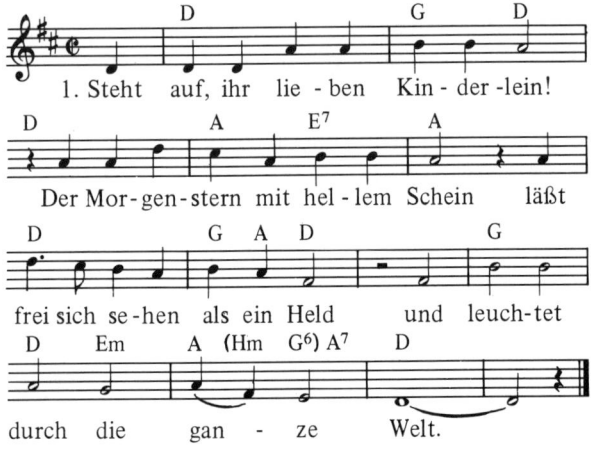

1. Steht auf, ihr lieben Kinderlein! Der Morgenstern mit hellem Schein läßt frei sich sehen als ein Held und leuchtet durch die ganze Welt.

2. Sei uns willkommen, lieber Tag,
vor dir die Nacht nicht bleiben mag.
Leucht uns in unsre Herzen fein
mit deinem himmlischen Schein.

Text: E. Albert † 1553/N. Herman † 1561

156

Wachet auf

Wa-chet auf, wa-chet auf, es kräh-te der Hahn. Die Son-ne be-tritt ih-re gol-de-ne Bahn.

Kanon zu 2 Stimmen

Text und Melodie:
Johann Jakob Wachsmann

Froh zu sein bedarf es wenig

Froh zu sein be-darf es we-nig, und wer froh ist, ist ein Kö-nig.

Kanon zu 4 Stimmen

T. + M.: August Mühling † 1847

157

Heile, heile Segen (I)

Hei-le, hei-le Se-gen, drei Ta-ge Re-gen,

drei Ta - ge Schnee, tut schon nimmer weh.

Heile, heile Segen (II)

Hei-le, hei-le, Se-gen, morgen gibt es Re-gen,

ü - ber-mor-gen Son-nen-schein, und da lacht mein

Kin - de - lein: Ist al - les wie - der gut!

Uhren-Kanon

Gro - ße Uh-ren ge-hen: tick tack tick tack,

klei-ne Uh-ren ge - hen: tik-ke tak-ke

tik-ke tak-ke, und die klei-nen Ta-schen-uh-ren:

tik-ke tak-ke tik-ke tak-ke tick!

Kanon zu 3 Stimmen   Text und Melodie: Karl Karow

159

Geburtstagssingen

1. Und wer im Ja-nuar Ge - burts-tag hat, tritt
2. Und wer im Feb-ruar . . .
3. Und wer im März . . .
4. Und wer im A-pril . . .
5. Und wer im Mai . . .
6. Und wer im Juni . . .
7. Und wer im Juli . . .
8. Und wer im August . . .
9. Und wer im September . . .
10. Und wer im Oktober . . .
11. Und wer im November . .
12. Und wer im Dezember . . .

ein, tritt ein, tritt ein! Der ma-che im Kreis ei-nen

tie - fen Knicks, sehr tief, sehr tief, sehr

tief. Mä-del*) dreh dich, Mä - del*)

dreh dich, mach Hop - sas - sas - sa! sa!

*) Hier kann der Name des betreffenden Kindes gesungen werden (möglichst zweisilbig, z. B. als Kosename: Andie, Conny, Susi usw.).

Spielanleitung:

Die Kinder stehen im Kreis. Die aufgerufenen „Geburtstagskinder" treten in die Mitte, machen drei tiefe Knickse oder Verbeugungen und tanzen dann herum, während die anderen Kinder im Takt dazu klatschen.

Wir gratulieren

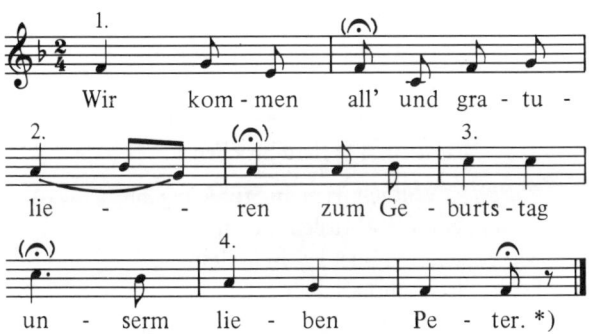

Wir kom-men all' und gra-tu-
lie - - ren zum Ge-burts-tag
un - serm lie - ben Pe - ter. *)

*) Hier wird der Name des Geburtstagskindes eingesetzt.

Kanon zu 4 Stimmen   Text und Melodie: Moritz Hauptmann

161

Das bucklig' Männlein

1. Will ich in mein Gärt-lein gehn, will mein' Zwiebeln gie-ßen, steht ein buck-lig' Männ-lein da, fängt gleich an zu nie-sen. Lie-bes Kind-lein, ach, ich bitt', bet fürs buck-lig' Männ-lein mit.

2. Will ich in mein Küchel gehn,
will mein Süpplein kochen,
steht ein bucklig' Männlein da,
hat mein Töpflein brochen.

3. Will ich in mein Stüblein gehn,
will mein Müslein essen,
steht ein bucklig' Männlein da,
hat's schon halber gessen.

4. Will ich auf mein' Boden gehn,
will mein Hölzlein holen,
steht ein bucklig' Männlein da,
hat mir's halber g'stohlen.

5. Will ich in mein' Keller gehn,
will mein Weinlein zapfen,
steht ein bucklig' Männlein da,
tut mir 'n Krug wegschnappen.

6. Setz' ich mich ans Rädlein hin,
will mein Fädlein drehen,
steht ein bucklig' Männlein da,
läßt das Rad nicht gehen.

7. Geh ich in mein Kämmerlein,
will mein Bettlein machen,
steht ein bucklig' Männlein da,
fängt gleich an zu lachen.

8. Wenn ich an mein Bänklein knie,
will ein bißchen beten,
steht das bucklig' Männlein da,
fängt gleich an zu reden:

Liebes Kindlein, ach, ich bitt',
bet fürs bucklig' Männlein mit!

Text: aus „Des Knaben Wunderhorn"
Melodie: volkstümlich

Der Sandmann ist da

Der Sand-mann ist da, der Sand-mann ist da, er hat so schö-nen weis-sen Sand ist al-len Kin-dern wohl be-kannt, der Sand-mann ist da!

Kanon zu 4 Stimmen

Aus dem Himmel ferne

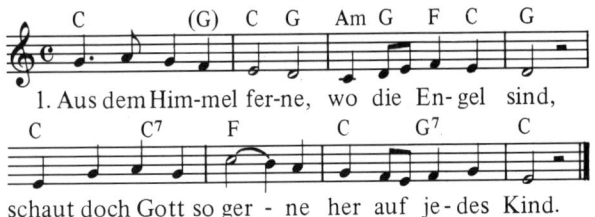

1. Aus dem Him-mel fer-ne, wo die En-gel sind, schaut doch Gott so ger - ne her auf je-des Kind.

2. Höret seine Bitte
treu bei Tag und Nacht,
nimmt's bei jedem Schritte
väterlich in acht.

164

3. Gibt mit Vaterhänden
ihm sein täglich Brot,
hilft an allen Enden
ihm aus Angst und Not.

4. Sagt's den Kindern allen,
daß ein Vater ist,
dem sie wohlgefallen,
der sie nie vergißt!

Stille, stille

Stil - le, stil - le, kein Ge - räusch ge -
macht! Da - rum seid mir al - le still,
weil mein Kind-chen schla-fen will. Stil - le,
stil - le, kein Ge - räusch ge - macht!

Alles still

1. Al - les still in sü - ßer Ruh;
drum, mein Kind, so schlaf auch du!
Drau - ßen säu - selt nur der Wind.
Su, su, su schlaf ein, mein Kind!

2. Schließ du deine Äugelein!
Laß sie wie zwei Knospen sein!
Morgens, wenn die Sonn' erglüht,
sind sie wie die Blum' erblüht.

Text: H. Hoffmann v. Fallersleben
Melodie: K. v. Winterfeld

Guten Abend, gut' Nacht

1. Guten A-bend, gut' Nacht, mit Ro-sen be-dacht, mit Näg-lein be-steckt, schlupf un-ter die Deck'. Mor-gen früh, wenn Gott will, wirst du wie-der ge-weckt, mor-gen früh, wenn Gott will, wirst du wie-der ge-weckt.

2. Guten Abend, gut' Nacht,
von Englein bewacht,
die zeigen im Traum
dir Christkindleins Baum.
Schlaf nun selig und süß,
schau im Traum 's Paradies.
Schlaf nun selig und süß,
schau im Traum 's Paradies.

Text: überliefert / Melodie: Johannes Brahms

Der Mond, der scheint

1. Der Mond, der scheint, das Kind-lein weint, der Mond, der scheint, das Kind-lein weint, die Glock' schlägt zwölf, die Glock' schlägt zwölf, daß Gott doch al - len Kran - ken helf'.

2. Gott alles weiß,
das Mäuslein beißt;
die Glock' schlägt ein,
der Traum spielt auf dem Kissen dein.

3. Die Sternlein schön
am Himmel gehn;
die Glock' schlägt zwei;
sie gehn hinunter nach der Reih'.

4. Der Wind, der weht,
der Hahn, der kräht;
die Glock' schlägt drei,
der Fuhrmann hebt sich von der Streu.

5. Der Gaul, der scharrt,
die Stalltür knarrt;
die Glock' schlägt vier,
der Kutscher siebt den Haber schier.

6. Die Schwalbe lacht,
die Sonn' erwacht;
die Glock' schlägt fünf,
der Wandrer macht sich auf die Strümpf.

7. Das Huhn gegackt,
die Ente quakt;
die Glock' schlägt' sechs,
steh auf, steh auf, du faule Hex'!

8. Zum Bäcker lauf,
ein Wecklein kauf;
die Glock' schlägt sieben,
die Milch tu an das Feuer schieben!

9. Tu Butter 'nein
und Zucker fein;
die Glock' schlägt acht,
geschwind dem Kind die Milch gebracht.

Mein Hut, der hat drei Ecken

Mein Hut, der hat drei Ek-ken, drei Ek-ken hat mein Hut, und hat er nicht drei Ek-ken, dann ist es nicht mein Hut. Mein Hut, der hat drei Ek-ken, drei Ek-ken hat mein Hut, und hat er nicht drei Ek-ken, dann ist es auch nicht mein Hut.

Kindlein mein

1. Kind - lein mein, schlaf doch ein,
Und der Mond kommt auch schon
weil die Stern - lein kom - men.
wie - der an - ge - schwom - men.
men. Ei - a Wieg - lein, Wieg - lein
mein, schlaf doch, Kind - lein, schla - fe ein.

2. Kindlein mein, schlaf doch ein,
denn die Nacht kommt nieder.
Und der Wind summt dem Kind
seine Wiegenlieder.
Eia Wieglein . . .

Die Blümelein, sie schlafen

1. Die Blü-me-lein, sie schla-fen schon längst im Mon-den-schein,
sie nik-ken mit den Köpf-chen auf ih-ren Sten-ge-lein.
Es rüt-telt sich der Blü-ten-baum, er säu-selt wie im Traum;
schla-fe, schla-fe, schlaf du, mein Kin-de-lein.

2. Die Vögelein, sie sangen
so süß im Sonnenschein,
sie sind zur Ruh gegangen
in ihre Nestelein.
Das Heimchen in dem Ährengrund
es tut allein sich kund.
Schlafe, schlafe,
schlaf du, mein Kindelein.

3. Sandmännchen kommt geschlichen
und guckt durchs Fensterlein,
ob irgend noch ein Kindchen
nicht mag zu Bette sein.
Und wo er nur ein Kindlein fand,
streut er ins Aug ihm Sand.
Schlafe, schlafe,
schlaf du, mein Kindelein.

Text und Melodie: Wilhelm E. v. Zuccalmaglio

Ich hab' mir mein Kindel

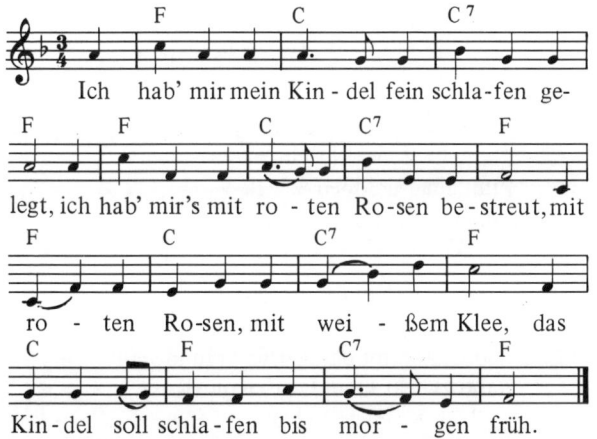

Ich hab' mir mein Kin-del fein schla-fen ge-
legt, ich hab' mir's mit ro-ten Ro-sen be-streut, mit
ro-ten Ro-sen, mit wei-ßem Klee, das
Kin-del soll schla-fen bis mor-gen früh.

Schlaf, Kindlein, schlaf

1. Schlaf, Kind-lein, schlaf! Dein Va-ter hüt' die Schaf', die Mut-ter schüttelts Bäu-me-lein, da fällt her-ab ein Träu-me-lein. Schlaf, Kind-lein, schlaf.

2. Schlaf, Kindlein, schlaf!
Am Himmel ziehn die Schaf':
Die Sternlein sind die Lämmerlein,
der Mond, der ist das Schäferlein.
Schlaf, Kindlein, schlaf!

3. Schlaf, Kindlein, schlaf!
So schenk' ich dir ein Schaf
mit einer goldnen Schelle fein,
das soll dein Spielgeselle sein.
Schlaf, Kindlein, schlaf!

4. Schlaf, Kindlein, schlaf,
und blök nicht wie ein Schaf:
Sonst kommt des Schäfers Hündelein
und zwickt mein liebes Kindelein.
Schlaf, Kindlein, schlaf!

5. Schlaf, Kindlein, schlaf!
Geh fort und hüt die Schaf',
geh fort, du schwarzes Hündelein,
und weck mir nicht mein Kindelein!
Schlaf, Kindlein, schlaf!

Guter Mond, du gehst so stille

Gu-ter Mond, du gehst so stil-le in den A-bend-wol-ken hin,
bist so ru-hig, und ich füh-le, daß ich oh-ne Ru-he bin.
Trau-rig fol-gen mei-ne Blik-ke dei-ner stil-len hei-tern Bahn. O wie hart ist mein Ge-schik-ke, daß ich dir nicht fol-gen kann!

Schlafe, mein Prinzchen

1. Schla - fe, mein Prinz - chen, es ruhn

Schäf - chen und Vö - gel - chen nun,

Gar - ten und Wie - se ver - stummt,

auch nicht ein Bien - chen mehr summt.

Lu - na mit sil - ber - nem Schein,

guk - ket zum Fen - ster her - ein.

Schla - fe beim sil - ber - nen Schein,

schla - fe, mein Prinz-chen, schlaf ein.   Schlaf
ein_____, schlaf ein.

2. Alles im Schlosse nun liegt
tief in den Schlummer gewiegt,
Küche und Keller sind leer,
es regt kein Mäuschen sich mehr.
Nur in der Zofe Gemach
tönet ein schmelzendes Ach.
Was für ein Ach mag das sein?
Schlafe, mein Prinzchen, schlaf ein.

3. Wer ist beglückter als du?
Nichts als Vergnügen und Ruh;
Zucker und Spielwerk vollauf
und noch Karossen im Lauf:
Alles benutzt und bereit,
daß nur mein Prinzchen nicht schreit.
Was wird es künftig erst sein?
Schlafe, mein Prinzchen, schlaf ein.

Text: F. W. Gotter
Melodie: Bernhard Flies

Müde bin ich, geh' zur Ruh

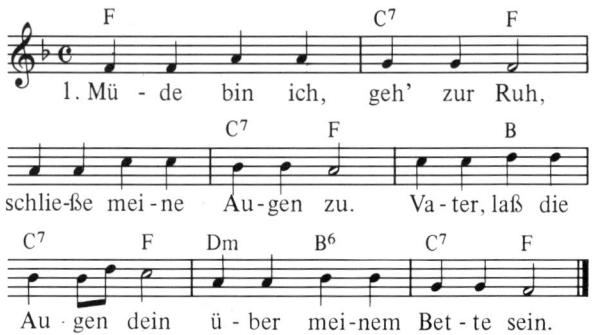

1. Mü - de bin ich, geh' zur Ruh,
schlie-ße mei-ne Au-gen zu.
Va-ter, laß die Au-gen dein
ü - ber mei-nem Bet-te sein.

2. Alle, die mir sind verwandt,
Gott, laß ruhn in deiner Hand!
Alle Menschen groß und klein
sollen dir befohlen sein.

3. Kranken Herzen sende Ruh,
nasse Augen schließe zu;
laß den Mond am Himmel stehn
und die stille Welt besehn.

Text: Luise Hensel
Melodie: Volksweise

178

Wer hat die schönsten Schäfchen

1. Wer hat die schön-sten Schäf-chen? Die hat der gold-ne Mond, der hin-ter un-sern Bäu-men am Him-mel dro-ben wohnt.

2. Er kommt am späten Abend,
wenn alles schlafen will,
hervor aus seinem Hause
zum Himmel sanft und still.

3. Dann weidet er die Schäfchen
auf seiner blauen Flur,
denn all die weißen Sterne
sind seine Schäfchen nur.

4. Sie tun sich nichts zuleide,
hat eins das andre gern,
wie Schwestern und wie Brüder
da droben Stern an Stern.

Text: H. Hoffmann v. Fallersleben
Melodie: J. F. Reichardt

Weißt du, wieviel Sternlein stehen

1. Weißt du, wie-viel Stern-lein ste-hen
   Weißt du, wie-viel Wol-ken ge-hen
an dem blau - en Him-mels-zelt?
weit-hin ü - ber al-le Welt?
Gott der Herr hat sie ge-zäh-let, daß ihm
auch nicht ei-nes feh-let an der gan-zen gro-ßen
Zahl, an der gan-zen gro-ßen Zahl.

2. Weißt du, wieviel Mücklein spielen
in der heißen Sonnenglut?
Wieviel Fischlein auch sich kühlen
in der hellen Wasserflut?
Gott der Herr rief sie mit Namen,
daß sie all ins Leben kamen,
daß sie nun so fröhlich sind,
daß sie nun so fröhlich sind.

3. Weißt du, wieviel Kinder frühe
stehn aus ihren Bettlein auf,
daß sie ohne Sorg' und Mühe
fröhlich sind im Tageslauf?
Gott im Himmel hat an allen
seine Lust, sein Wohlgefallen,
kennt auch dich und hat dich lieb,
kennt auch dich und hat dich lieb.

Text: Wilhelm Hey
Melodie: Volksweise

Nun wollen wir singen

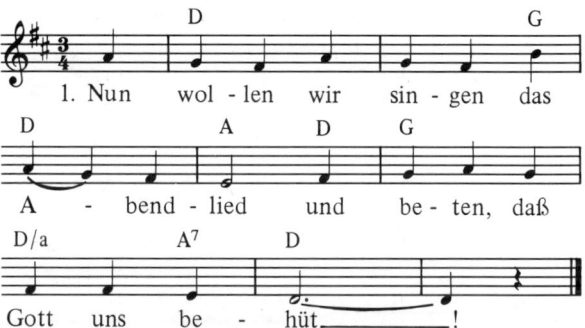

1. Nun wol - len wir sin - gen das A - bend - lied und be - ten, daß Gott uns be - hüt_____!

2. Es weinen viel Augen wohl jegliche Nacht,
bis morgens die Sonne erwacht.

3. Es wandern viel Sternlein am Himmelsrund,
wer sagt ihnen Fahrweg und Stund?

4. Daß Gott uns behüt, bis in die Nacht entflieht.
Kommt singet das Abendlied.

Hört, ihr Herrn, und laßt euch sagen

1. Hört, ihr Herrn, und laßt euch sa-gen:
uns-re Glock hat *zehn* ge-schla-gen. Zehn Ge-bo-te
setzt' Gott ein; gib, daß wir ge-hor-sam sein.
Men-schen-wa-chen kann nichts nüt-zen;
Gott muß wachen, Gott muß schützen, Herr, durch deine
Güt' und Macht gib uns ei-ne gu-te Nacht!

2. Hört, ihr Herrn, und laßt euch sagen:
unsre Glock hat *elf* geschlagen!
Elf der Jünger blieben treu,
einer trieb Verräterei.

3. Hört, ihr Herrn, und laßt euch sagen:
unsre Glock hat *zwölf* geschlagen!
Zwölf, das ist das Ziel der Zeit.
Mensch, bedenk die Ewigkeit!

4. Hört, ihr Herrn, und laßt euch sagen:
unsre Glock hat *eins* geschlagen!
Ist nur ein Gott in der Welt,
ihm sei all' anheimgestellt.

5. Hört, ihr Herrn, und laßt euch sagen:
unsre Glock hat *zwei* geschlagen!
Zwei Weg hat der Mensch vor sich.
Herr, den Rechten lehre mich!

6. Hört, ihr Herrn, und laßt euch sagen:
unsre Glock hat *drei* geschlagen!
Drei ist eins, was göttlich heißt:
Vater, Sohn und Heilger Geist.

7. Hört, ihr Herrn, und laßt euch sagen:
unsre Glock hat *vier* geschlagen!
Vierfach ist das Ackerfeld.
Mensch, wie ist dein Herz bestellt?
Alle Sternlein müssen schwinden,
und der Tag wird sich einfinden.
Danket Gott, der uns die Nacht
hat so väterlich bewacht!

Ruf des Nachtwächters

Der Mond ist aufgegangen

1. Der Mond ist auf-ge-gan-gen, die gold-nen Stern-lein pran-gen am Him-mel hell und klar; der Wald steht schwarz und schwei-get, und aus den Wie-sen stei-get der wei-ße Ne-bel wun-der-bar.

2. Wie ist die Welt so stille
und in der Dämmrung Hülle
so traulich und so hold,
als eine stille Kammer,
wo ihr des Tages Jammer
verschlafen und vergessen sollt!

3. Seht ihr den Mond dort stehen?
Er ist nur halb zu sehen,
und ist doch rund und schön!
So sind wohl manche Sachen,
die wir getrost verlachen,
weil unsre Augen sie nicht sehn.

4. Wir stolze Menschenkinder
sind eitel arme Sünder
und wissen gar nicht viel;
wir spinnen Luftgespinste
und suchen viele Künste
und kommen weiter von dem Ziel.

5. Gott, laß dein Heil uns schauen,
auf nichts Vergänglichs trauen,
nicht Eitelkeit uns freun;
laß uns einfältig werden
und vor dir hier auf Erden
wie Kinder fromm und fröhlich sein!

6. So legt euch denn ihr Brüder
in Gottes Namen nieder.
Kalt ist der Abendhauch.
Verschon uns, Gott, mit Strafen
und laß uns ruhig schlafen
und unsern kranken Nachbarn auch.

Text: Matthias Claudius
Melodie: J. A. P. Schulz

Grifftabelle für Gitarre

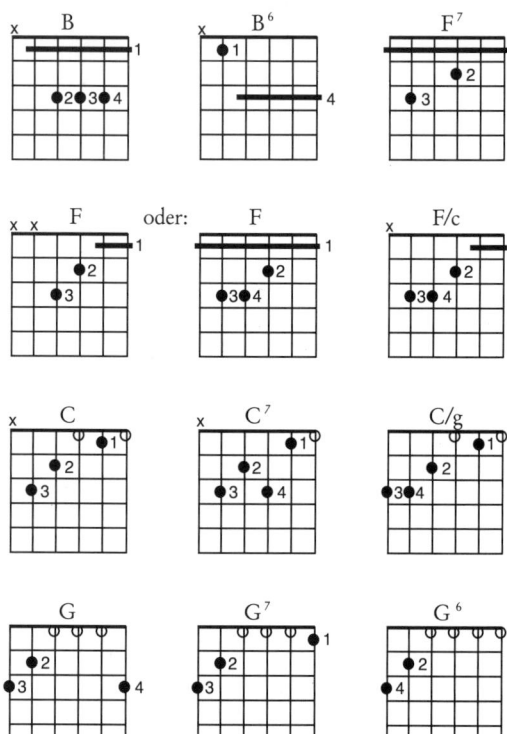

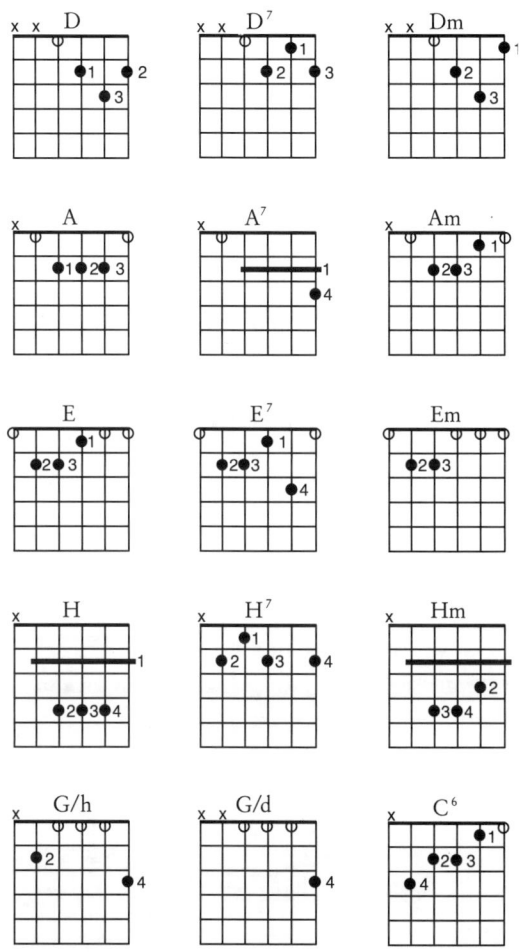

187

Grifftabelle für Sopran-(C-)Blockflöte

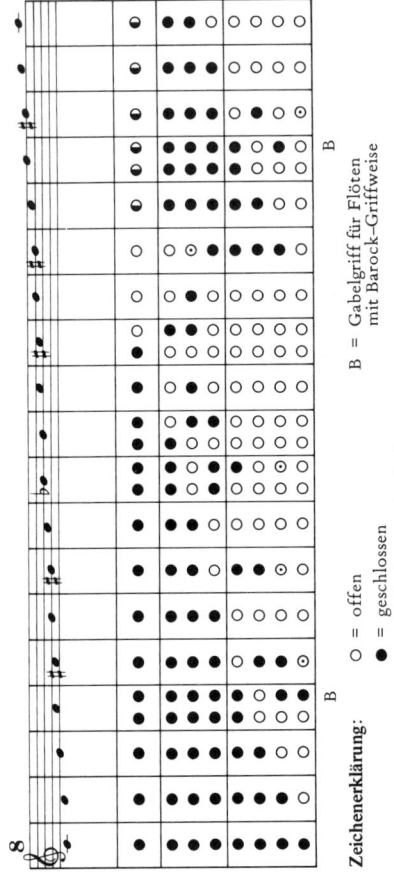

Zeichenerklärung:

○ = offen
● = geschlossen
◐ = halb- bzw. teilgedeckt
⊙ = bei Bedarf geschlossen

B = Gabelgriff für Flöten
mit Barock-Griffweise

188

Grifftabelle für Alt-(F-)Blockflöte

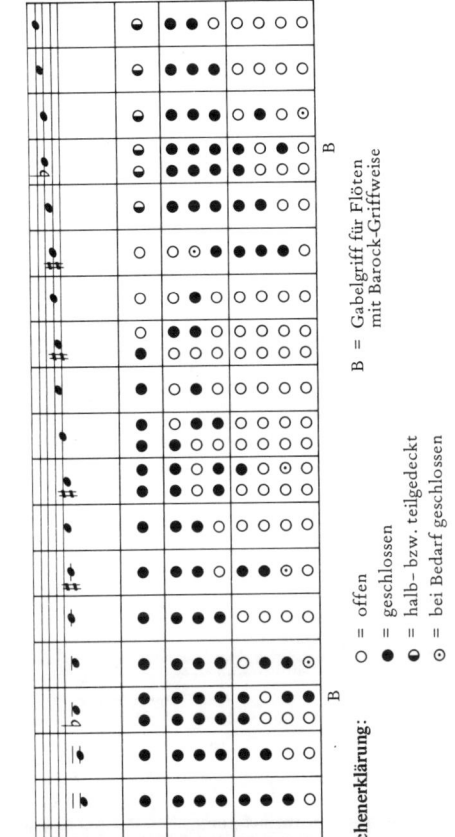

Zeichenerklärung:

○ = offen
● = geschlossen
◐ = halb- bzw. teilgedeckt
⊙ = bei Bedarf geschlossen

B = Gabelgriff für Flöten
mit Barock-Griffweise

Alphabetisches Verzeichnis der Lieder
nach Titeln und Anfängen

192

193

Hering/Meyerholz
Kinderlieder zum Einsteigen und Abfahren

56 Lieder zum Mitmachen, die mit Spielanregungen und Anleitung zur Gitarrenbegleitung besonders gut geeignet sind für die pädagogische Arbeit mit Kindern. Die wesentlichen Grundlagen zum Gitarrenspielen erleichtern die musikalische Begleitung lustiger Kinderrunden in Kindergärten, Grundschulen und Familien. Der Name ist Programm: Einsteigen in die Kinderliederwelt und Abfahren beim Singen, Tanzen und Toben!

DIN A4, 136 Seiten, mit CD
ISBN: 978-3-8024-0260-9

Hering/Meyerholz
Kinderlieder zum Einsteigen und Abfahren 2

Für alle, die noch mehr Mitmach-Lieder-Spaß für Kinder haben möchten, gibt es hier über 60 neue Kinderlieder mit Noten, Texten, Anleitungen zur Gitarrenbegleitung und Spielanregungen. Nicht nur zum Mitsingen, sondern auch zum Mitmachen und -lachen, zum Tanzen und Theaterspielen, zum Weiterdichten und Selbsterfinden. In 13 Kapiteln findet man das richtige Lied für jede Gelegenheit, von „Aufwachen und Loslegen" bis „Zeit zum Kuscheln".

DIN A4, 136 Seiten, mit CD
ISBN: 978-3-8024-0217-3

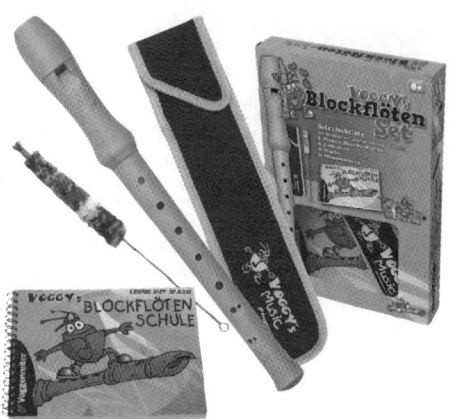

Voggy's Blockflöten-Set

Die Blockflöte ist das populärste Einsteiger-Instrument und spielt im Leben jedes Grundschulkindes einmal eine Rolle. Diese sinnvolle Beschäftigung für Kinder wird mit diesem Blockflöten-Set spielerisch und vergnüglich gestaltet.

Das Set enthält:

• eine Holzblockflöte, Bergahorn, C-Sopran, barocke Griffweise, leichte Ansprache, gute Oktavierung; mit Stofftasche und Wischer
• Voggy's Blockflötenschule

Hier wird das Blockflötenspiel von Anfang an leicht verständlich erklärt: schrittweise Einführung in das Notenlesen, richtige Haltung, Ansatz und Atemtechnik, Tipps zum Üben und zur Pflege der Flöte, viele bekannte Volks- und Kinderlieder, Grifftabellen in deutscher und barocker Griffweise. Einfach alles, was Kinder (und Eltern) wissen müssen!

112 Seiten, DIN A5 Querformat mit Spiralbindung
Verpackt im bunten Karton.

ISBN: 978-3-8024-0415-3